DON BOSCO
VERLAG

Ursula, Monika und Petra Bezdek

Herbst

Mit Kindern durchs Jahr

DON BOSCO

Bibliografische Information der Deutschen Bibliothek

Die Deutsche Bibliothek verzeichnet diese Publikation in der Deutschen Nationalbibliografie; detaillierte bibliografische Daten sind im Internet über http://dnb.ddb.de abrufbar.

2. Auflage 2004 / ISBN 3-7698-1314-6

Umschlag: Margret Russer
Umschlagfoto: Anneliese Hoppe
Illustrationen: Petra Bezdek
Fotos: Eltern-Kind-Programm, Stockdorf
Notensatz: Nikolaus Veeser, Schallstadt
Produktion: Don Bosco Grafischer Betrieb, Ensdorf

Gedruckt auf umweltfreundlichem Papier

Inhalt

Einführung: Mit Kindern durchs Jahr

Das Leben folgt natürlichen Rhythmen.

Der Rhythmus der Jahreszeiten, der für unser Leben eine besondere Bedeutung hat, ist die Grundlage für dieses Herbst-Buch und die weiteren Titel der Buchreihe *Mit Kindern durchs Jahr*. Mit dem Wechsel der Jahreszeiten und in der Natur erleben Kinder Kreisläufe (Jahres-, Wasser-, Stoffkreislauf), verinnerlichen sie und empfinden sie schließlich als normales Wechselspiel zwischen Aktivität und Passivität. Der menschliche Organismus wird durch diese Rhythmen gestärkt und es entwickelt sich mit ihnen körperliche, gesundheitliche und seelische Stabilität. In der immer wiederkehrenden rhythmischen Veränderung der Natur im Laufe der Jahreszeiten erfahren wir Geborgenheit und Sicherheit.

Naturerfahrung

Kinder sind von Natur aus neugierig und wissensdurstig, sie entdecken im Kleinsten das große Naturereignis. Die Wunder der Natur finden wir überall: im Wald, am Wasser, in den Bergen, in der kleinsten Pfütze und am Wegesrand. Das Interesse der Kinder daran zu befriedigen und gleichzeitig zu fördern, ist die Aufgabe der Erwachsenen, es kann die Grundlage für lebenslanges umweltverantwortliches Handeln sein.

Die Natur erleben wir mit unseren Sinnen.

Naturerfahrung und Sinneserfahrung stehen in einem direkten Zusammenhang. Die uns umgebende Natur und ihre Erscheinungsformen, die unterschiedlichen Landschaftsformationen, die Kreisläufe des Wassers und des Jahres, das Wetter usw. wirken direkt auf unsere Sinne ein. Wir nehmen wechselnde Farben, Formen, Gerüche, Geräusche, Oberflächenstrukturen, die Luftfeuchtigkeit und vieles mehr mit unseren Sinnesorganen wahr und können auf Grund der gesammelten Erfahrungen viele wichtige, zum Teil auch lebenswichtige Parameter (Entfernungen, Größen, Temperaturen) einschätzen, ohne Berechnungen oder wissenschaftliche Untersuchungen anstellen zu müssen, und unser Verhalten darauf abstimmen.

Kinder lernen in und von der Natur.

Naturerlebnisse führen zu intensiver geistiger Auseinandersetzung, zu aktivem, dynamischem Lernen. Dieses Lernen ist nur im direkten Kontakt mit der Natur möglich, im Erfahren der eigenen Grenzen, im Erleben der Zusammenhänge. Unsere Kinder brauchen diese Begegnung auch, um sich selbst in einem größeren Zusammenhang sehen zu können, um das „Eins-Sein" mit dem Kosmos zu spüren und zu erfahren, wie wichtig jeder einzelne noch so kleine Teil, jedes einzelne Element und damit auch sie selbst für das Ganze sind. Dieses Erleben im Kleinkind- und Kindesalter wirkt sich höchst positiv auf das gesamte spätere Leben aus:

- Naturerfahrung stärkt das Selbstwertgefühl.
- Naturerfahrung fördert die soziale Kompetenz, die uns Auseinandersetzung mit aber auch Rücksichtnahme in der Gemeinschaft ermöglicht.
- Durch das Beobachten und das Spielen in der Natur werden die Fantasiekräfte angeregt: Bauprinzipien werden übernommen, Naturmaterial wird im Spiel lebendig, scheinbar totes Material wird beseelt.
- Das Erleben wiederkehrender rhythmischer Veränderung vermittelt ein Gefühl der Sicherheit und verhilft zu seelischem Gleichgewicht.

Sinneswahrnehmung

Die Welt erschließt sich Kindern über die Sinne.

„Es ist wichtig, Kindern alles mit allen Sinnen zu lehren.", sagte Comenius schon im 17. Jahrhundert, und von Maria Montessori kennen wir den

Ausspruch: „Nur durch das Tor der Sinne zieht die Welt in das Gemüt der Menschen ein.“ Es ist unsere Aufgabe, den Kindern die Möglichkeit zu vielseitigen Sinneswahrnehmungen zu geben. Alle Sinne müssen angesprochen, gefordert und gefördert werden. Wenn wir die Zusammenhänge zwischen Gleichgewichtssinn und logisch-mathematischem Denkvermögen oder der Sprachentwicklung und der Feinmotorik kennen, geben wir einfachen Dingen wie Materialerfahrung, Fingerspielen und Bewegungsspielen mehr Gewicht.

Bewegung

Viel Bewegung ist für die Entwicklung der Kinder im körperlichen, geistigen und seelischen Bereich entscheidend. Durch Bewegung wird die Muskulatur und Atmung gestärkt, Bewegung im Freien mobilisiert außerdem die Abwehrkräfte. Es ist leichter, Haltungsschäden und Übergewicht durch entsprechende Bewegungsmöglichkeiten vorzubeugen, als diese später mit aufwändigen Therapieverfahren zu behandeln.

Bewegung ist das Tor zum Lernen.

Die Synapsen im Gehirn werden durch Bewegung verschaltet, das heißt, je mehr sich die Kinder in den ersten zwölf Lebensjahren bewegen, desto vielfältiger verschaltet sich das Gehirn und umso besser entwickelt sich das Denkvermögen. Die Zusammenarbeit der beiden Gehirnhälften wird durch Bewegung angeregt. Schon die ersten, sich automatisch entwickelnden Bewegungsabläufe bei den Babys wie Rollen, Greifen und Krabbeln haben dabei eine große Bedeutung. Beim späteren Aufrichten, Gehen, Laufen, bei Fingerspielen, angeleiteter und freier Bewegung mit größeren Kindern bauen sich immer mehr wichtige Verschaltungen auf. Das Gehirn entwickelt sich im freien Bewegungsspiel mehr als beim Sitzen vor dem Fernseher oder Computer. Oft wird fehlende Bewegung erst festgestellt, wenn in der Schule Probleme beim Lesen, Schreiben und Rechnen auftauchen.

Auch der Seele tut Bewegung gut.

Bewegung bewegt auch die Seele, das spüren wir auch als Erwachsene sehr deutlich, wenn wir Sport treiben, laufen, schwimmen oder wandern. Wir fühlen uns gut. Vor allem spricht uns die Bewegung in der freien Natur an. Auch in den Kindern wird durch einfache Bewegungsabläufe etwas be-

wegt. Deutlich wird das bei Purzelbäumen, beim Rutschen und Springen, wenn die Kinder ein Kribbeln im Bauch spüren können.
Nicht vergessen wollen wir die Bedeutung der Bewegung für den sozialen Bereich: Kinder lernen ihren Körper und ihre Grenzen kennen, entwickeln Körpergefühl und damit ihr Selbstbewusstsein. Sie lernen Spielgeräte fantasievoll einzusetzen, mit anderen Kontakt aufzunehmen, sich zu messen, Regeln einzuhalten und vieles mehr.

Sprache und Rhythmus

Fingerspiele, Reime, Klatschspiele, Kniereiter, Auszählverse, Zungenbrecher, Rätsel haben früher alle Kinder durch den Tag begleitet. Sie sind vielen von uns durch den immer wiederkehrenden Rhythmus und die gleichzeitige Bewegung in Fleisch und Blut übergegangen und tauchen spätestens dann wieder auf, wenn wir selbst Eltern werden und Kinder haben oder mit Kindern arbeiten. In diesem direkten Kontakt zwischen Eltern, Großeltern oder Erzieherin und Kind wird nicht nur Sprache und Rhythmus weitergegeben, sondern es schwingt auch viel von der inneren Stimmung mit.

Über die Sprache tauschen wir uns aus.

Unsere Sprache ist nicht nur Kommunikationsmittel, um Informationen auszutauschen, sie ist Ausdruck unserer Gefühle, unseres Seelenzustandes. Oft drückt sich schon bei kleinen Kindern ihre Seelennot in der Sprache aus: undeutliches, tonloses Sprechen, Stottern, Probleme mit einzelnen Konsonanten usw. Andererseits können wir auch über die Sprache Einfluss auf den Seelenzustand der Kinder nehmen. Eine von Mensch zu Mensch vermittelte Sprache, in der durch die Stimme Lebendigkeit, Gefühl und innere Beteiligung ausgedrückt wird, wird nicht nur über das Gehör, sondern auch über die Schwingungen des Kehlkopfs aufgenommen, sie durchdringt Körper und Seele. Nicht umsonst merken sich Kinder mit Nachdruck gesprochene Schimpfwörter oft schon nach dem ersten Hören! Sprache, die von Tonträgern übermittelt wird, ist dafür kein Ersatz.

Fingerspiele, Reime und Handklatschspiele sind auch heute noch entscheidende Elemente in der Entwicklung von Kindern, ihre Bedeutung wird leider oft unterschätzt. Die Gleichzeitigkeit von Sprache, Rhythmus und Bewegung fördert das Zusammenspiel der beiden Gehirnhälften, das für die Entwicklung und vor allem für das Lernen von größter Bedeutung ist. Ebenso wichtig ist das Erzählen von Märchen und Geschichten, die den Kindern in ihrer jeweiligen Entwicklungsphase bildhaft Lösungen und Wege aufzeigen. Manche Kinder wollen wochenlang die gleiche Geschichte hören, bis sie ihren Weg gefunden haben und mit einem Thema abschließen können.

Kinder brauchen Fingerspiele, Reime und Märchen.

Elternarbeit

Wir halten es für äußerst wichtig, dass alle Erfahrungen, die mit den Kindern gemacht werden, regelmäßig in Elterngesprächen, an Elternabenden und bei anderen geeigneten Gelegenheiten erörtert werden. Dabei bietet es sich auch an, den Eltern die hier erläuterten Grundgedanken theoretisch und praktisch zu vermitteln. Im direkten Austausch können auch Konflikte angesprochen und Lösungsmöglichkeiten erarbeitet werden. Eventuelle Entwicklungsstörungen können thematisiert und so frühzeitig behandelt werden. Der regelmäßige Austausch mit den Eltern kann bei der Lösung von Erziehungsfragen eine große Unterstützung sein.

Regelmäßiger Austausch mit den Eltern

Kleine und große Abenteuer in der Natur und zu Hause, Forschergeist, Spiel und Spaß, neue und altbewährte Ideen werden uns neben gezielten Hintergrundinformationen für Eltern und Erzieherinnen durch den Herbst begleiten.
Wir wünschen uns, dass sich alle pädagogischen Fachkräfte und Laien, männlich wie weiblich, Erzieher oder Eltern, mit der von uns gewählten Anrede „die Gruppenleiterin" anfreunden können.
Geschrieben wurde dieses Buch für Familien, Eltern-Kind-Gruppen, Kindergruppen, Kindergärten und natürlich alle diejenigen, die mit Kindern Spaß haben wollen!

Der Herbst

Prasselnd stiebt der Sturm heran
fasst den Ast so fest er kann,
lässt die Blätter knistern,
tuscheln, rascheln, flüstern –
husch, sie wehn hinab.

Hedwig Diestel

Der Herbst ist die Jahreszeit, in der die Natur den Wandel von der kraftstrotzenden Fülle über das Reifen der Früchte und Samen bis zum Rückzug auf überlebensnotwendige Funktionen vollzieht. Die Erde, die Bäume, die Herbstblumen und die Tiere setzen ihre vorhandene Kraft ein, um die Früchte zur Reife zu bringen, um Samen auszubilden, die im nächsten Jahr für neues Wachstum sorgen, oder um Wintervorräte anzulegen, die das Überleben sichern. Durch den Rückzug der Lebenssäfte verfärben sich die Blätter und fallen ab.

Wir können in einer Fülle von Naturmaterial schwelgen, die Herbstfarben in uns aufnehmen, durch Sonne, Wind und Nebel wandern und uns beim Suchen und Sammeln unseres Werk- und Forschungsmaterials wie die Tiere fühlen, die sich auf den Winterschlaf vorbereiten. Auf unseren Spaziergängen und Ausflügen durch Wiese, Berge, Wald und Flur rascheln wir durchs trockene Laub, sammeln Wildfrüchte und Samen, Blätter, bemooste Aststücke, Flechten und Wurzeln, Vogelfedern oder sogar Nester und alles, was uns sonst noch beeindruckt. Verschiedene Samen heften sich an unsere Kleider; Früchte leuchten aus den Sträuchern, doch wenn wir sie pflücken wollen, werden wir von Dornen zerstochen; andere Früchte zerplatzen, sobald wir sie anfassen und färben unsere Hände rot.

- Wie die Wichte stapfen wir *durch den Wald* und haben schon beim Suchen und Sammeln den größten Spaß. Wir beobachten die Tiere, bauen Zwergenlandschaften und erforschen den Waldboden.
- Auf den abgemähten *Wiesen und Feldern* spielen wir mit dem Herbstwind, lassen uns die Haare zerzausen und sehen unsere Drachen in den Himmel steigen.

- *In den Bergen* freuen wir uns an den bunten Mischwäldern, den plätschernden Bächen und den wilden, urwaldähnlichen Wegstrecken.
- *Am Wasser* beobachten wir die Frösche und die sich spiegelnden Wolken.

Diese Aufgabe des Suchens und Sammelns von Eindrücken und Naturmaterial kann die Gruppenleiterin auch auf die Familie übertragen. Vielen Kindergartengruppen ist es nicht möglich, oft in die Natur hinauszugehen. Es ist daher eine sehr gute Gelegenheit, die Eltern in die Arbeit einzubeziehen und ihnen gleichzeitig zu vermitteln, wie wichtig die Bewegung an der frischen Luft für alle – für Eltern und Kinder – ist.

Klippdiklapp und knickdiknack,
mit dem Säckel huckepack
tappt im Tann ein Wicht,
früh beim ersten Licht.

Ruft der Kuckuck von dem Ast
„Guck dich um du kleiner Gast!“
Und aus ihrem engen Haus,
steckt die Maus den Kopf heraus.

Klippdiklapp und knickdiknack,
mit dem Säckel huckepack
früh beim ersten Licht,
tappt im Tann ein Wicht.

Marianne Garff

Leaves are falling

englisches Volkslied

Kanon zu 4 Stimmen

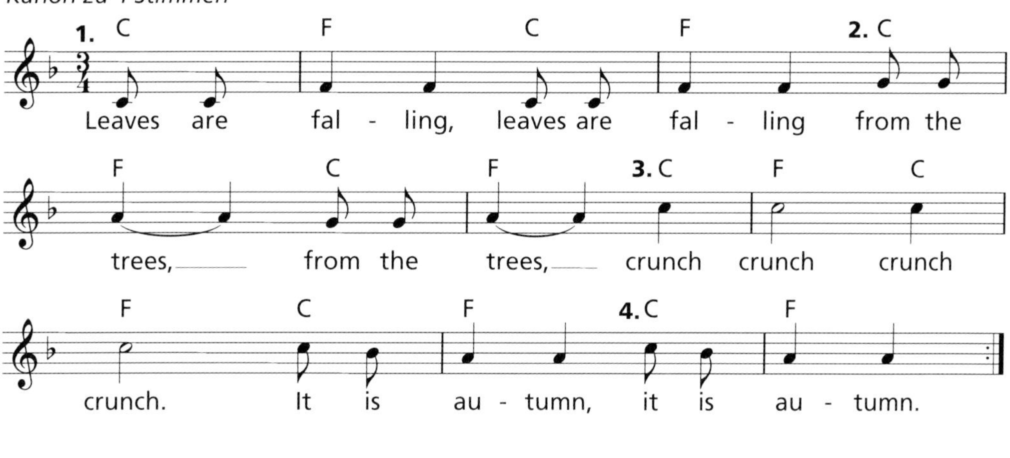

Wald und Bäume

Der Wald spricht

Gehst du mit deiner Axt zu mir hin,
bedenke Mensch, was ich dir bin:

Im Winter die Wärme in deinem Herd,
dein Zelt, wenn der Sommer die Gräser verzehrt,
der Dachstuhl, auf dein Haus gesetzt,
die Tür, durch die du gehst eben jetzt,
der Tisch, an dem du dein Mahl einnimmst,
die Geige, die du zum Tanze stimmst,
ich bin für deinen Schlaf das Bett,
ich bin deine Scheune, Brett für Brett,
ich bin der Mast an deinem Schiff,
ich bin an deiner Axt der Griff –

und gehst du mit deiner Axt zu mir hin,
bedenke Mensch, was ich für dich bin.

Reigen aus Serbien

Entdeckungsreisen durch den Wald

Auf unserer Entdeckungsreise durch den Wald kriechen wir unter umgestürzten Bäumen durch oder klettern darüber, balancieren die Baumstämme entlang, springen von Baumstümpfen oder Steinen, schlüpfen durchs Unterholz, versuchen Bäume zu erklimmen. Wir sind also ständig in Bewegung, gebrauchen unsere Körperkräfte und trainieren unsere Geschicklichkeit. Der Wald ist eine große natürliche Bewegungsbaustelle, in der die spontane Bewegungsfreude der Kinder mobilisiert wird.

Bewegen, Erfahren, Lernen

Exkursionen in der freien Natur bringen uns und die Kinder körperlich in Schwung und regen das Herz-Kreislaufsystem an. Die Kinder lernen, ihren Körper wahrzunehmen, erproben ihre Kräfte beim Rennen, Springen und

Klettern, lernen ihre Grenzen kennen und sich selbst einzuschätzen. Die Koordinationsfähigkeit wird beim Zielwerfen, Klettern oder Überwinden von Hindernissen spielerisch geübt. Die Sinneseindrücke gehen über das Sehen, Riechen, Schmecken, Hören und Fühlen hinaus, sie werden mit dem ganzen Körper wahrgenommen. Das Klettern und Balancieren fördert das Gleichgewichtsempfinden. Wir erfahren, dass nasses Holz glitschig ist und sich nicht so gut zum Turnen eignet oder dass man nur auf Bäume klettern kann, wenn sie Äste haben. Die Kinder merken, was sie selber, ohne Hilfe, schaffen, ihr Selbstwertgefühl steigt. Gleichzeitig bietet Bewegung in der freien Natur auch die Gelegenheit zu sozialem Lernen, die Kinder erleben, dass viele Dinge leichter gehen, wenn sie sich gegenseitig helfen, dass manche Wege und Hindernisse für die Kleinen und manche für die Großen einfacher zu meistern sind. Ein weiterer wichtiger Aspekt ist die Verknüpfung von Bewegung und Gefühlen. Kinder haben noch die Gabe, Gefühle in Bewegung auszudrücken. Freudige Bewegungserlebnisse führen zu körperlicher und psychischer Gelöstheit.

Waldkindergarten

Info

In „Waldkindergärten" sind die Kinder zu jeder Jahreszeit, bei jedem Wetter draußen, das „Lernen" findet im Wald statt. Es wurde beobachtet, dass sich die Kinder dort durch eine große Sicherheit in ihren Bewegungsabläufen, durch Vertrauen zur eigenen Kraft, zum eigenen Können und durch erstaunlich viel Fantasie und Erfindungsreichtum auszeichnen und außerdem eine besonders hohe soziale Kompetenz erreichen. Für sie ist es selbstverständlich, andere um Hilfe zu fragen aber auch Hilfe anzubieten, sie entwickeln gegenseitiges Vertrauen, da sie aufeinander angewiesen sind wie ein Team in der Arbeitswelt.

Der Wald als Wohnraum

Die Gruppen der Wald-Kindergärten bzw. Wald-Eltern-Kind-Gruppen, die sich ebenfalls inzwischen etabliert haben, verbringen viel Zeit draußen und sind auf den Wald als Wohn- und Aufenthaltsraum auch bei Nieselwetter, Regen und Nebel angewiesen. Trotzdem wollen alle an einem gemütlichen Platz Brotzeit machen, vom Spielen und Toben ausruhen oder auch einmal einer Geschichte lauschen.

Waldhütte und Unterstand

An einem schönen Plätzchen im Wald schaffen wir uns bei einem unserer Spaziergänge einen gemütlichen Rastplatz. Da es im Herbst öfter regnet, neblig oder ungemütlich ist, bauen wir uns aus Fichtenzweigen einen Unterstand. In der Planungsphase sollten wir unbedingt Kontakt mit dem Förster aufnehmen und mit ihm den Platz besprechen, an dem so etwas möglich ist. Wichtig ist dabei, dass es genügend Material in der Nähe gibt. Zuerst schleppen wir die Zweige an den Bauplatz. Es ist erstaunlich, mit welchem Eifer die Kinder dabei sind, wenn sie etwas Eigenes bauen dürfen. Sie entwickeln dabei auch ungeahnte Kräfte und eine faszinierende Zusammenarbeit.

Für den einfachsten Unterstand lehnen wir große Zweige und Äste schräg an den Stamm eines Baumes und binden sie nach Bedarf fest. Das Bauwerk wird nicht sehr groß, dient aber mehreren Kindern als gemütliches Plätzchen oder Versteck. Wir bauen mehrere kleine Unterstände oder greifen ganz neue Ideen auf. Man kann z. B. mehrere Bäume, die nebeneinander stehen, mit einbeziehen, indem man sie mit Querhölzern, die man in Astgabeln befestigt, verbindet. Aus dünnen entasteten Fichtenstämmen und einer festen Schnur können wir auch ein zeltähnliches Grundgerüst bauen, das wir mit Zweigen abdichten. Wie bei allen Waldaktionen sind der Fantasie auch beim Hüttenbauen keine Grenzen gesetzt.

Gefahren im Wald

Wir können den Wald als Spiel-, Erfahrungs- und Erholungsraum nur nutzen, wenn wir uns auch mit den Gefahren auseinander setzen, die er in sich birgt. Wenn wir die Natur mit allem, was dazu gehört, akzeptieren, können wir sie nützen und schützen.

Naturgewalten

Wichtig ist es für uns, die im Wald wirksamen Naturgewalten zu kennen und richtig einzuschätzen! Im Sommer sind dies vor allem die Gewitter, im Herbst die Stürme. Bei Sturm sollten wir den Wald lieber aus der Entfernung betrachten. Wir können sehen, wie sich die Bäume biegen, wie sie unter dem Druck der Luftmassen hin- und herschwingen und wir hören es krachen, wenn ein Ast oder ein Baum dieser Belastung nicht mehr standhalten kann. Wenn starke Windböen plötzlich in ein schwaches Waldstück hineinfahren, können Bäume wie Zündhölzer knicken.
Auch nach einem starken Sturm ist der Aufenthalt im Wald gefährlich. So verlockend das Klettern und Balancieren auf den übereinander getürmten Baumstämmen auch ist, wir sollten es besser unterlassen. Die Bäume liegen meistens unter einer starken Spannung, die sie plötzlich zum Bersten bringen kann, dadurch schnellen heruntergedrückte Stämme wieder nach oben. Also Vorsicht! Einzelne umgestürzte Bäume stellen jedoch keine Gefahr dar.

Giftpflanzen

Für Kinder ist es wichtig zu wissen, dass es essbare und giftige Pflanzen und Beeren gibt. In Gärten und an Spielplätzen werden keine giftigen Sträucher angepflanzt, die Begegnung mit ihnen wird vermieden, der Umgang damit kann daher nicht erlernt werden. Auch giftige Beeren oder Pilze leuchten mitunter sehr verlockend, deshalb dürfen die Kinder in der Natur nichts essen, ohne Eltern oder Erzieher vorher gefragt zu haben. Folgende Pflanzen im Wald sind besonders giftig:

! Info

Giftige Sträucher und Beeren

Bäume:

Eibe: Nadeln und zerbissener Kern der Beere; *Thuja, Lebensbaum:* Zapfen und Zweigspitzen

Sträucher:

Efeu: Beeren und Blätter; *Thuja; Pfaffenhütchen:* Samen, Blätter, Rinde (Reifezeit August bis Oktober); *Liguster:* Beeren (Reife im Spätsommer);

Gemeiner Schneeball: Blätter, Rinde, Früchte (die Beeren sind im Herbst reif und werden sogar von den Vögeln verschmäht!) *Seidelbast:* Rinde, Blüte, Blätter, Beeren (blüht von Februar bis April, Reife im Sommer; Achtung: 10 Beeren können einen erwachsenen Menschen töten!)
Kraut: *Tollkirsche:* Blätter, Früchte, Wurzeln; *Aronstab* und *Herkulesstaude* alle Pflanzenteile; *Herbstzeitlose*
Manche dieser Pflanzen finden wir nur im Frühling und Sommer, wir sollten die Giftpflanzen aber alle kennen und für alle Fälle ein Bestimmungsbuch dabei haben.

Im Zwergenreich

Ich sitze, ich sitze
mit spitzer Zipfelmütze
auf einem Stein im Gras
und denke dies und das.
Ich klopfe, ich klopfe,
ich klopfe da und dort –
doch wenn du nach mir guckst –
bin ich fort.

Hedwig Diestel

Unter moosbewachsenen Baumstümpfen und unter alten umgefallenen Baumstämmen tauchen versteckte Höhlen auf und in uns werden Zwergengeschichten wach. Geschichten von den unsichtbaren Bewohnern und Helfern des Waldes. Wir lassen die Kinder von ihren Erlebnissen mit diesen Wesen erzählen und werden über die vielfältigen Berichte erstaunt sein.
Gemeinsam mit den Kindern bauen wir ein Zwergenreich und lassen unsere eigenen Kindheitserinnerungen wieder lebendig werden. Beim Befühlen des weichen, feuchten Mooses, der borkigen Rinde der Baumstämme und des weichen Waldbodens mit den raschelnden Blättern oder den pieksenden Nadeln werden wir eins mit dem Wald, ein Teil der Natur, erleben wir uns alle als Teil des Kosmos.

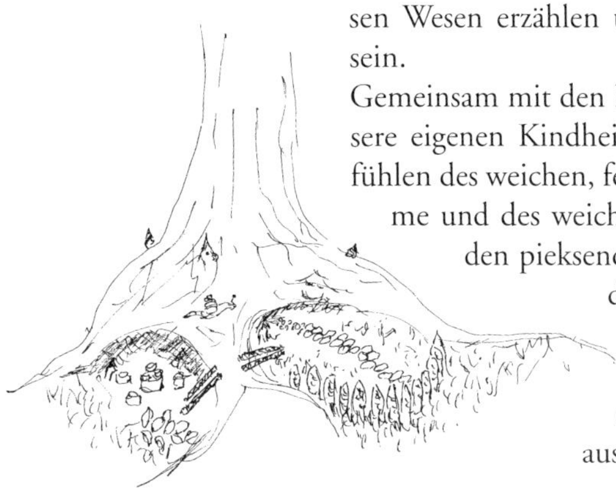

Mit den geheimnisvollen Erzählungen der Kinder sollten wir sehr vorsichtig umgehen, sie ihnen nicht ausreden, sondern selbst innehalten und das Staunen lernen. Die Kinder sind noch wesentlich stärker mit der Natur verbunden und nehmen oft Dinge wahr, die Erwachsene nicht mehr sehen und spüren. Mit ihrer Fantasie geben sie diesen wesenhaften Erscheinungen unterschiedliche Gestalten.

Die Brotzeit im Wald

Bei unseren Streifzügen, Spielen und Werkaktionen im Wald werden wir sicher auch hungrig. Da wir aber viele Dinge im Wald berührt haben, ist es wichrig, vor dem Essen die Hände zu reinigen. Vielleicht befinden sich noch Reste von giftigen Pflanzen an unseren Fingern oder Krankheitserreger, die von Vögeln (über Federn, Nester, Gewölle), Mäusen, Füchsen (Fuchsbandwurm) und anderen Tieren übertragen werden. Die Gefahren scheinen sehr vielfältig zu sein, wir können sie aber einfach wegwaschen und die Wunder des Waldes trotzdem in vollen Zügen genießen. Um dem Waldboden und den darin lebenden Tieren nicht zu schaden, nehmen wir zum Waschen etwas Lava-Erde und eine Flasche Wasser mit. So vorbereitet können wir uns gemütlich auf dem Waldboden oder Baumstümpfen niederlassen und die mitgebrachten Speisen und Getränke verzehren.

! Info

Lava-Erde als Reinigungsmittel
Lava-Erde (lavare = waschen) ist eine Millionen Jahre alte Tonerde, die in Nordafrika abgebaut und seit mehreren Jahrhunderten zur Körperreinigung benutzt wird. Ihre sehr hohe Absorptionsfähigkeit sorgt für die restlose Entfernung von Staub und Schmutz.

Regeln für den Aufenthalt im Wald

Die folgenden Regeln müssen wir beachten, wenn wir mit Kindern im Wald unterwegs sind:
- Die Kinder dürfen nichts essen, ohne vorher Eltern oder Erzieher zu fragen.
- Tote Tiere dürfen nicht angefasst werden, um die Übertragung von Krankheiten zu vermeiden.
- Vor der Brotzeit müssen wir uns die Hände waschen.

Der Wald ist voller Bäume

Bei unseren Streifzügen durch die herbstlichen Wälder finden wir unter verschiedenen Bäumen Früchte, Samen und Blätter. Wir beobachten, dass unter einer Baumart immer dieselben Schätze liegen.

Bäume kennen lernen

Diese Tatsache nutzen wir an geeigneter Stelle für ein Spiel: Jeder Mitspieler bekommt ein Blatt, eine Frucht, einen Samen oder eine Samenhülse eines Baumes. Alle begeben sich in einem abgegrenzten Gelände auf die Suche nach dem passenden Baum, indem sie den Boden nach ihrem Musterstück absuchen. Manche treffen sich unter dem gleichen Baum wieder, andere haben einen anderen Baum der gleichen Art gefunden. Jetzt können wir uns genau anschauen, was zusammengehört. Welches Blatt gehört zu welchem Baum mit welcher Rinde und welcher Samen, welche Samenhülse gehört dazu?
Wir machen uns ein Rindenrubbelbild, indem wir ein Blatt Papier an den Stamm legen und mit einem Wachsmalblock die Struktur durchreiben.
Wir suchen nach diesem Baum in unserem Bestimmungsbuch und können dort noch genaueres über ihn erfahren. Bei jedem unserer nächsten Waldspaziergänge lernen wir einen neuen Baum genau kennen.

Rätsel
Was geht immer um den Baum herum
und kann doch nicht hinein?

Baumatlas

Im Laufe eines Jahres können wir uns einen eigenen Baumatlas anlegen mit allem, was wir gesammelt haben: Blätter, Blattrubbelbild, Samen, Samenhülse, Rindenrubbelbild und Baumfotos aus verschiedenen Jahreszeiten ... Der Atlas kann die Kinder über mehrere Jahre begleiten, sie können immer wieder nachschauen, Teile ergänzen oder ersetzen. Vielleicht lernen wir neue Bäume kennen und erweitern unseren Baumatlas nach und nach. Sehr interessant ist es, diesen Atlas nach mehreren Jahren wieder hervorzuholen, noch einmal zu betrachten und mit neuem Wissen zu ergänzen.

Baumtagebuch

Eine spannende Forschungsarbeit ist ein Baumtagebuch. Wir begleiten einen Baum vom Herbst durch den Winter bis zum Sommer, betrachten ihn

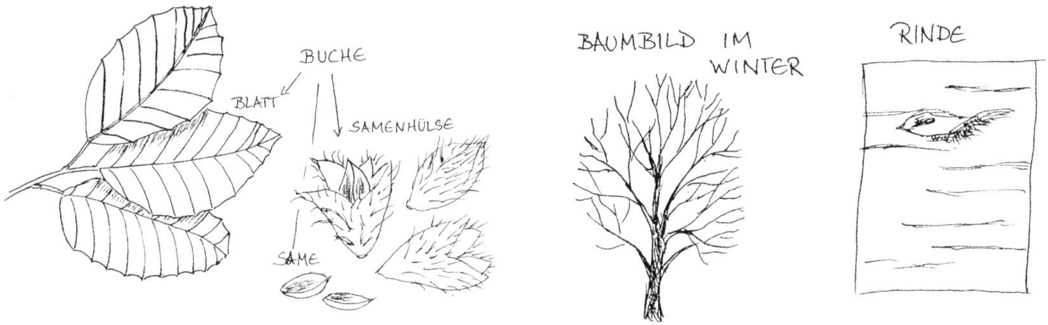

jeden Tag und schreiben unsere Beobachtungen auf. Wir halten fest, wann sich die Blätter färben, wann das erste und das letzte Blatt abfällt, an welchem Tag wir die ersten Knospen entdecken und wann sie aufspringen. Wir erwarten mit Spannung das erste Blatt, die erste Blüte und die ersten Früchte. Auch die Tiere, die wir auf dem Baum entdecken, beobachten wir. Jedes Kind kann sein eigenes Baumtagebuch gestalten oder die Gruppe macht ein gemeinsames.

Wir spielen Bäume

Wenn wir schon ein paar Bäume kennen, stellen wir uns zu Beginn in der Gruppe als Baum vor: „Ich bin eine Eiche und meine Früchte sind die Eicheln.“ Jeder sucht sich einen Baum aus und erzählt, was er alles über ihn weiß. Je öfter wir den Bäumen begegnen, um so intensiver wird die Freundschaft mit ihnen.

! Info

Einheimische Baumarten

Esche: Sie erreicht nach ca. 100 Jahren ihre größte Höhe mit 17 bis 35 m; Stammdurchmesser 1 bis 1,7 m; sie wird bis zu 300 Jahre alt; Verbreitung in ganz Europa.

Rotbuche: Sie wird ca. 30 m hoch; der Stammdurchmesser beträgt 1 bis 1,5 m; sie ist in ganz West-, Mittel-, und Südeuropa verbreitet.

Hainbuche: Sie erreicht bei einem Stammdurchmesser von 40 cm bis höchstens 1m eine Höhe von 20 bis 25 m ; auf sie trifft man noch in einer Höhe von 1100 m ü. d. M.; Verbreitung von Südschweden bis Persien.

Ahorn: Die hier verbreiteten Arten sind Bergahorn, Spitzahorn und Feldahorn

Der *Bergahorn* wächst bis 1700 m ü. d. M. und wird bei einem Durchmesser von 60 cm 30 bis 40 m hoch; sein Verbreitungsgebiet reicht über ganz Europa bis Kleinasien und den Kaukasus.
Der *Spitzahorn* wird nur 20 bis 30 m hoch und bevorzugt niedrigere Lagen bis 1000 m ü. d. M.
Der *Feldahorn* ist sehr anspruchslos; er wächst eher strauchartig auf allen Böden; er erreicht unter günstigen Bedingungen eine Höhe von 10 bis 15 m.
Fichte: Sie wächst in ganz Nord- und Mitteleuropa; in Deutschland ist sie die wichtigste Holzart; sie erreicht eine Höhe von 30 bis 50 m und einen Durchmesser bis 1,2 m

Bäume messen

Zu fällen einen schönen Baum
braucht's eine halbe Stunde kaum,
zu wachsen bis man ihn bewundert,
braucht er, bedenk' es, ein Jahrhundert

Eugen Roth

Das Alter

Wenn wir im Wald einen gefällten Baum finden, können wir an der Schnittstelle die Jahresringe zählen und das Alter des gefällten Riesen bestimmen. Wir nehmen Stecknadeln mit und markieren am Baumstumpf die Geburtsjahre von jedem Kind und Erwachsenen. Dadurch wird uns das Alter eines Baumes noch bewusster. Vielleicht können wir sogar das Geburtsjahr unserer Großeltern oder Urgroßeltern markieren.

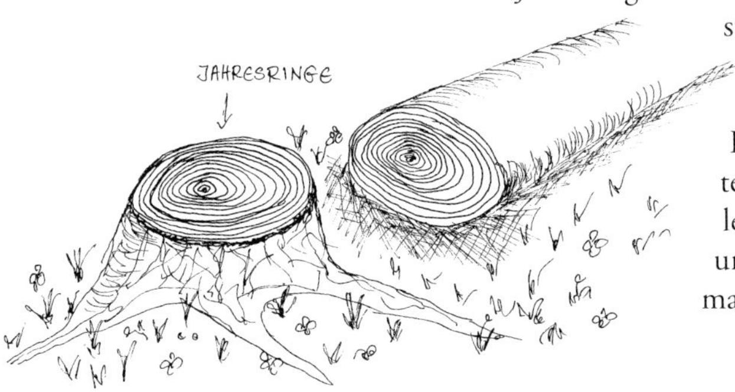

! Info

Die Jahresringe

Ein dunkler und ein heller Ring bilden jeweils den Holzzuwachs in einem Jahr. Das Wachstum geht von der unter der Rinde liegenden Kambiumschicht aus. Der Baum wächst also unter der Rinde. Im Frühjahr wird die helle Holzschicht gebildet, sie hat größere Röhren, die das für das Blattwachstum benötigte Wasser befördern können. Das Herbstholz hat dünnere Röhren und ist deswegen schmaler, dunkler und härter. Breite Jahresringe zeigen uns wasser- und nährstoffreiche Jahre an, schmale Ringe können auf Dürre oder Krankheiten hinweisen. Unregelmäßige Jahresringe bedeuten unterschiedliche Licht- bzw. Nährstoffbedingungen, wie sie am Waldrand gegeben sind.

Die Jahresringe erzählen uns die Lebensgeschichte eines Baumes. Wenn wir sie genau betrachten, können wir uns eine passende Geschichte zu jedem Baumstumpf ausdenken und uns anhand der Jahresringe gegenseitig erzählen, was der Baum alles erlebt hat, bevor er gefällt wurde. Wie viele Dürreperioden und wie viele regenreiche Jahre hat er durchlebt, hat es im Wald einmal gebrannt oder wurde er durch andere Bäume einseitig am Wachstum behindert? Wir können uns in das Leben eines Baumes hineinversetzen und sein Wachstum nachempfinden, auch wenn wir uns das unglaubliche Alter mancher Bäume kaum vorstellen können.

Es gibt auch eine Möglichkeit, das Alter von frei stehenden Bäumen zu bestimmen: Der Umfang eines Baumes wächst im Jahr um ca. 2,5 cm. Wenn wir ihn in etwa 1,5 m Höhe messen und durch 2,5 teilen, wissen wir das ungefähre Alter des Baumes. Allerdings gibt es auch schnell wachsende Bäume wie die Pappel und langsam wachsende wie die Kastanie. Das errechnete Alter ist also wirklich nur ungenau.
Bäume, die im Wald stehen, wachsen wesentlich langsamer, bei ihnen stimmt der Umfang in etwa mit dem Alter überein.
Besonders viel Spaß macht es, den Umfang von dicken Bäumen in Kindern und nicht in Metern zu messen. Es ist immer wieder sehr spannend, wie viele Kinder gebraucht werden, um einen Baum zu umarmen.

Der Wurzelbereich

Um festzustellen, wie weit die Wurzeln eines Baumes reichen, brauchen wir eine große Gruppe von Menschen. Zuerst stellen wir uns nah an einen frei stehenden Baum und streicheln seine Rinde, um mit ihm Kontakt aufzunehmen. Dann fassen wir uns an den Händen und gehen Schritt für Schritt auseinander. Dabei schauen wir nach oben. Wenn die letzten Verästelungen der Zweige über uns sind, stehen wir über den letzten Verästelungen der Wurzeln. Sind wir genug Menschen oder müssen wir uns loslassen, um weit genug auseinander gehen zu können?

Info

Ausdehnung der Wurzeln

Der Wurzelbereich eines Laubbaumes reicht genauso weit wie der Traufbereich der Krone. In diesem Umkreis wachsen nur wenig andere Pflanzen, da die Wurzeln sehr viel Wasser und damit auch alle Mineralstoffe aufnehmen. Unter Buchen geht jeder andere Baum ein.

Die Höhe

Auch die ungefähre Höhe eines Baumes können wir mit einem Trick bestimmen: Wir brauchen dazu zwei Personen und einen Stock. Einer der Partner stellt sich direkt an einen Baum, der zweite geht mit dem Stock einige Meter zurück, hält diesen ausgestreckt vor sich hin und markiert die Größe des Partners und die Höhe des Baumes auf seinem Stock. Jetzt misst er, wie oft der kleine Abschnitt in den großen hineinpasst. Diese Zahl wird dann mit der tatsächlichen Größe des Partners multipliziert. Misst der Partner beispielsweise 150 cm und ist der Baum sechsmal so hoch, dann ist der Baum 9 m hoch.

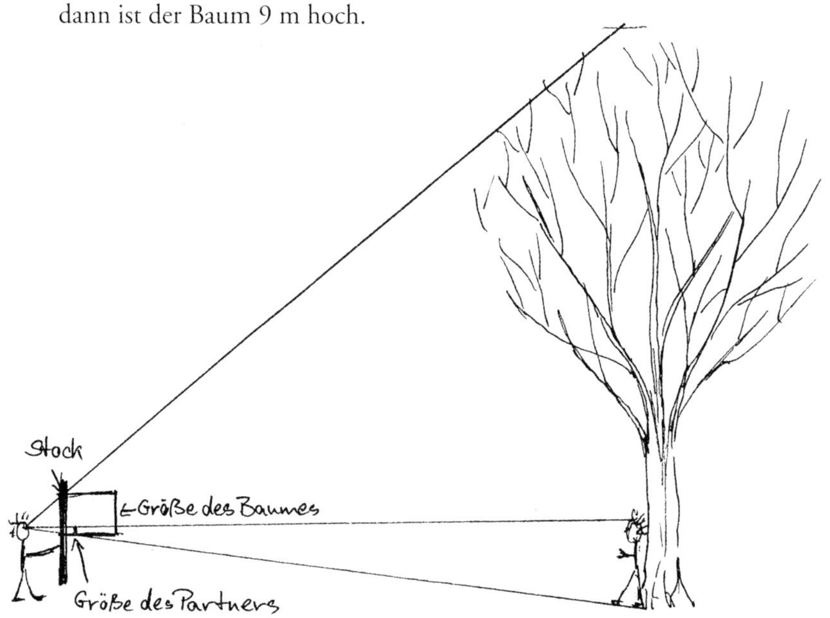

Altes Wissen über Bäume

Info

Manches alte Wissen kann uns auch im Wald sehr nützlich sein, z. B. schlagen Blitze ausschließlich in links drehende Bäume ein! An der Rinde können wir die Drehrichtung ablesen. Auch für die Holzverarbeitung ist dies wichtig: für Dachschindeln sollte das Holz leicht nach links oder gerade laufen, denn es streckt sich bei nassem Wetter, während es sich bei Sonne leicht krümmt und Luft darunter lässt; für hölzerne Dachrinnen nimmt man rechts drehendes Holz, da es nach dem Fällen weniger arbeitet und sich die Dachrinne nicht umkehren kann.

Die großen und kleinen Tiere des Waldes

Auf einem Baum

überliefert

2. … große Spinnen, kleine Spinnen,
Käfer in der Rinde drinnen,
alle wohnen hier, alle wohnen hier.

3. … Eichhörnchen und kleine Maus
bauen sich ein warmes Haus,
alle wohnen hier, alle wohnen hier.

Wenn man mit einer Kindergruppe im Wald unterwegs ist, ist es selten so leise, dass man Hasen, Rehe oder sogar Füchse zu Gesicht bekommt. Sie sind am ehesten in der Dämmerung auf einer Lichtung zu entdecken. Außerdem warnt der Eichelhäher mit seinem Ruf alle Tiere vor drohenden Gefahren, also auch vor uns. Wir können aber nach ihren Spuren Ausschau halten: Fuß- und Fraßspuren, Losung, Nester, Bauten. Die Eichhörnchen können wir beobachten, wenn sie auf Bäume klettern, von Ast zu Ast springen und durch die Wipfel huschen.

Eichhörnchen, Eichhörnchen, du flinker Geselle,
von Wipfel zu Wipfel, wie schwingst du dich schnelle,
wie schlüpfst du behende ins kuglige Haus
und guckst so vergnüglich zum Türlein heraus!

Marianne Garff

Die Waldbewohner im Herbst

Im Herbst bereiten sich die Waldbewohner auf den Winter vor. Am Verhalten der Tiere können gute Beobachter auf die Länge und Härte des Winters schließen. Wir überlegen uns, welche Tiere wir kennen und was sie im Herbst alles tun müssen.
Alle Tiere, die Winterschlaf oder Winterruhe halten, fressen sich ihren Winterspeck an. Allen Pelztieren wächst ein dickeres Winterfell, die Oberhaare werden länger, das Unterfell dichter, so dass mehr Luft zur Isolierung dazwischen passt. Das Rotwild (Rehe und Hirsche) und die Eichhörnchen wechseln ihre Farbe von rotbraun zu graubraun, das Hermelin wird weiß wie Schnee.
Füchse, Kaninchen, Iltis und Dachs richten sich ihre Erdbauten ein. Der Dachs schleppt viel Laub und Gras in seinen Bau und polstert damit sein Bett. Durch die Zersetzung im Laubhaufen entsteht Wärme, so dass der Dachs wie auf einer Heizdecke schläft! Die Dachsburg ist oft so groß, dass auch andere Höhlenbewohner mit einziehen. Beispiele: Käuze, Fuchs, Kaninchen, Iltis, Mäuse oder Hummeln finden ihren Platz mit eigenem Eingang im Dachsbau.
Eichhörnchen, Eichelhäher und Mäuse legen sich in verschiedenen Verstecken einen Wintervorrat unter der Erde an. Haselmaus, Siebenschläfer, Baum- und Gartenschläfer, die alle zur Familie der Bilche gehören, bauen

sich schon im September ihr gut gepolstertes Schlafnest. Sie sind die absoluten Langschläfer und schlafen von Oktober bis April durch. Während dieser Zeit verbrauchen sie ihr angefressenes Fettdepot. Atmung, Pulsfrequenz und Körpertemperatur sinken auf ein Minimum.
Viele Vögel sammeln sich und ziehen in großen Schwärmen in den Süden, um dort in wärmerem Klima den Winter zu verbringen.

Rollenspiel: Auf der Suche nach dem Winternest

Wir ahmen die Geschäftigkeit der Tiere nach und häufen selber Laub auf, bis wir bequem liegen, sammeln Wintervorräte und verstecken sie, wir suchen uns einen Platz, an dem wir unseren Kobel, unsere Dachsburg, unseren Fuchs- oder Kaninchenbau anlegen würden, und suchen Material, mit dem wir unser Nest auspolstern wollen. In welchem Baum würden wir gerne wohnen, wenn wir eine Eule wären? Wo finden wir für die Fledermaus eine alte Spechthöhle, in der sie sich wohl fühlt? Für alle Tiere, die uns einfallen, suchen wir Schlafplätze und Futter.

Rätsel

Meine Wohnung nennt man Kobel.
Mein Fell ist braun.
Ich ruhe im Winter.
Nüsse mag ich gerne.
Ich verstecke sie für den Winter.

Mit dieser Rätselform führen wir die Kinder langsam auf die Spur des gesuchten Tieres. Vielleicht erraten die Kinder schon nach dem ersten Hinweis, welches Tier gesucht wird, vielleicht brauchen andere auch fünf oder mehr Tipps. Um allen Kindern die Gelegenheit zum Raten zu geben, machen wir aus, dass die Lösung nicht laut gerufen wird, sondern dass jeder, der sie weiß, aufsteht oder sich an die Nase fasst.

Die Zersetzer

Wir beschäftigen uns intensiv mit den kleineren und kleinsten Bewohnern des Waldes, die wir beim Suchen und Sammeln vor allem unter dem Laub aufstöbern. Die Kinder entdecken Spinnen, Käfer, Asseln, Würmer, Tausendfüßler und anderes Getier. Auch hier kann uns ein Bestimmungsbuch gut weiterhelfen. Wir versuchen, die Tiere genau zu bezeichnen: Regenwurm, Springschwanz, Laufkäferlarve, Assel, Doppelfüßer oder Hornmil-

be sind z. B. Blätterfresser, größere Käfer wie Laufkäfer, Goldschmied und Goldleiste sind Blätterfresser-Fresser. Die Kinder lernen, die Tiere genau anzuschauen, die Merkmale zu vergleichen und gemeinsam die richtige Abbildung zum entdeckten Tier zu finden. In der Becherlupe betrachten wir die Waldbewohner noch genauer und überlegen uns, wofür sie im Wald nützlich sind. Danach lassen wir sie am Fundort wieder frei. Wir lernen dabei, dass es wichtig ist, auch im Garten einen Platz zu haben, an dem das Laub liegen bleiben kann, damit die Blätterfresser neue Erde (Humus) produzieren können und der Stoffkreislauf funktionieren kann.

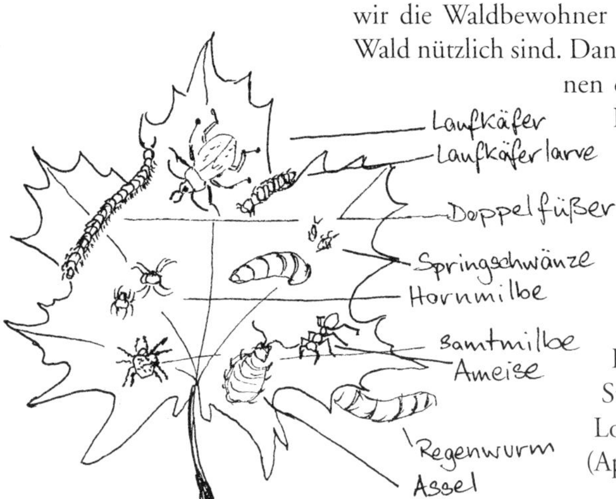

Wenn wir keine Tiere finden, bauen wir uns eine Fallgrube. Wir graben einen Becher am Waldrand oder im Garten unter den Bäumen in die Erde ein. Mit einem kleinen Brett und ein paar Steinen konstruieren wir einen Regenschutz. Als Lockmittel dient uns ein Stück von unserer Brotzeit (Apfel, Käse, Brot). Die Gefangenen dürfen wir nicht zu lange einsperren, sonst werden die Blätterfresser gleich wieder von den Blätterfresser-Fressern vernichtet.

Stoffkreislauf

Info

Regenwürmer, Käfer, Bakterien und andere winzige Tiere zerlegen tote Tiere und abgestorbene Pflanzenteile in kleinste Bestandteile. Diese bilden den mineralstoffreichen Humus des Waldbodens. Im feuchten Boden lösen sich die Mineralstoffe auf und werden von den Wurzeln der Bäume wieder aufgenommen.

Wespen und Hornissen

Wenn wir im Frühjahr oder Sommer ein Wespen- oder Hornissennest ausfindig gemacht haben, so haben wir im Spätherbst die Gelegenheit, diese Kunstwerke genauer zu betrachten. Die alte Königin ist tot und der gesamte Staat ist ausgestorben, die jungen Königinnen haben sich zum Überwintern in einen modernden Baumstumpf zurückgezogen, das Nest ist also leer. Wir können es abnehmen, aufschneiden und den innen liegenden 5- bis 15-stöckigen Wabenbau betrachten. Das Nest ist ganz aus Holzfasern und Speichel gebaut. Die äußere, kräftige Schutzhülle dient zum Klimaausgleich. Je nach verwendetem Material sind die Nester grau oder auch braun-beige meliert.

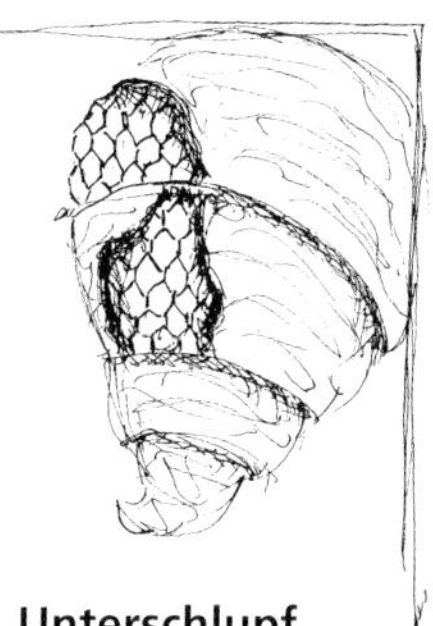

Unterschlupf für Wildtiere im Garten

Im Herbst können wir auch im Garten viel für die Tiere tun. Igel, Ringelnattern, Eidechsen und Insekten brauchen einen geschützten Platz zum Überwintern. Ringelnattern und Eidechsen lieben lockere Steinhaufen, in denen sie sich verstecken können.
Das trockene Laub von den Bäumen häufen wir an einer vor Wind und Regen geschützten Stelle auf, es bietet den Igeln idealen Schutz. Aus Baum- und Heckenschnitt machen wir einen Totholzhaufen oder einen Totholzzaun. Hier finden viele Insekten und Kriechtiere Unterschlupf. Der Haufen oder Zaun wächst von Jahr zu Jahr, weil immer neues Material anfällt. Das Leben darin wächst mit.

Ganz wichtig ist natürlich eine Wildsträucherhecke, die man am besten im Herbst pflanzt!

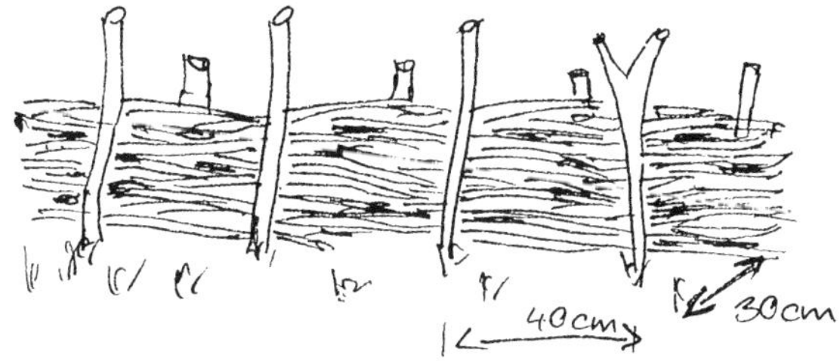

Spiele im Wald

Spielen ist der Lebenszweck der Kinder und könnte es auch noch für die Erwachsenen sein. Beim Spielen erproben wir unsere Grenzen, testen Kraft und Geschicklichkeit, finden Lösungen für Probleme, setzen uns mit Gefahr auseinander. Kinder und Jugendliche brauchen freie Spielräume, um auf allen Ebenen für das spätere Leben zu üben. Mit Spielen im Wald können wir unsere Sinne herausfordern und den Kindern einen großen Erfahrungsschatz mitgeben!

Hör doch mal, wie auf den Wegen

Text und Musik: Susanne Brandt

2. Schau doch mal, die Blätter haben
diese Zeit so schöne Farben.
Ja, du siehst an jedem Blatt,
was der Herbst für Farben hat

3. Fühl doch mal, die vielen zarten
spitzen Blätter dort im Garten.
Ja, du fühlst an jedem Blatt,
was der Herbst für Formen hat.

4. Riech doch mal die feuchte Rinde
und das Laub der alten Linde.
Ja, du riechst an jedem Blatt,
was der Herbst für Düfte hat.

Blinde Karawane Die Gruppenleiterin spannt ein Seil über eine längere Strecke von Baum zu Baum. Einer Hälfte der Gruppe (z. B. den Eltern) werden die Augen verbunden und sie tasten sich blind an dem Seil entlang. Die anderen begleiten sie und geben, wenn nötig, Hilfestellung. Die Blinden nehmen die unterschiedliche Bodenbeschaffenheit wahr, riechen intensiv die verschiedensten Gerüche und trotz geschlossener Augen unterscheiden sie Licht und Schatten. Ist eine Karawane durch, darf die zweite Gruppe blind wandern. Wenn es warm ist, können wir das Spiel auch barfuß machen, uns auch mit den Füßen vorwärts tasten.

Bäume ertasten

Jeder Teilnehmer sucht sich einen Baum aus, den er genau befühlt und betastet. Wir streicheln die Rinde, versuchen, den Stamm zu umfassen, laufen um ihn herum, merken uns Äste und andere Besonderheiten. Jetzt werden einem Mitspieler die Augen verbunden und er wird zu verschiedenen Bäumen geführt, um sie blind zu betasten, bis er seinen Baum wiederfindet. Jeder, der möchte, darf es versuchen.
Das Spiel können wir auch umgekehrt spielen. Wir ertasten zuerst blind einen Baum, und versuchen, ihn dann mit offenen Augen wiederzufinden. Beide Variationen haben ihren Reiz, und je nach Alter der Kinder kann man das Spiel noch weiter ausbauen, z. B: die einzelnen Bäume alleine finden lassen, indem wir die Suchenden mit „heiß“ und „kalt“ dirigieren.

Bäume verschenken

Ein Elternteil oder Partner führt das Kind mit verbundenen Augen zu verschiedenen Bäumen. Das Kind betastet und befühlt die Bäume, streichelt die Rinde und umarmt sie. Wenn ihm der Baum nicht gefällt, schüttelt es den Kopf und wird zum nächsten geführt. Wenn ihm ein Baum gefällt, nickt das Kind und darf die Augen öffnen. Es ist jetzt „sein Baum“ und es betrachtet ihn genau. Es ist schön, diesen Platz im Wald immer wieder aufzusuchen, die Kinder finden „ihre“ Bäume garantiert wieder. Sie interessieren sich für ihn, versorgen ihn und bauen zu seinen Füßen vielleicht ihr Zwergenreich auf. Der Baum kann ihr Freund werden, der sich ihre Sorgen und Nöte anhört und auch an ihrer Freude teilhat. So ein Baum kann uns eine Zeit unseres Lebens begleiten und uns Geborgenheit und Sicherheit geben. Er hat ja an seinem Platz schon viele Sommer und Winter kommen und gehen sehen, vielen Unwettern und Stürmen getrotzt und Menschen Schutz und Halt gegeben.

Baumgeistergeschichten

Wenn jeder von uns „seinen Baum“ gefunden hat, Freundschaft mit seinem Baum geschlossen hat, dann können wir Baumgeist spielen und allen anderen Geschichten aus dem Leben „unseres Baumes" erzählen. Wir versuchen uns ganz in den Baum hineinzuversetzen, vielleicht wissen wir, wie alt er ungefähr ist und denken an frühere Zeiten. Die Menschen sind mit Pferden durch den Wald geritten und haben hier gerastet, andere haben dem Baum ihre Sorgen erzählt, er hat Stürme überlebt und vielleicht auch einem Feuer standgehalten. Er hat schon viele Samen ausgebildet und rund um ihn herum wachsen einige seiner Kinder.

Bäumchen wechsle dich

Dieses altbekannte Kinderspiel macht auch heute noch allen Kindern und hoffentlich auch den Erwachsenen Spaß. Es fördert die Beweglichkeit im unebenen Gelände, das Reaktionsvermögen und das Selbstvertrauen bei schüchternen Kindern, da jeder einmal im Mittelpunkt steht.
„Bäumchen wechsle dich!" können wir in jedem Wald spielen. Der Platz sollte allerdings frei von Unterholz sein und die Bäume nah beieinander stehen. Jeder Spieler stellt sich an einen Baum. Die jetzt besetzten Bäume spielen mit. Der Spielleiter steht in der Mitte und ruft: „Bäumchen, wechsle dich!". Alle wechseln ihren Baum, aber auch der Spielleiter versucht, einen zu erwischen. Wer keinen Platz ergattert hat, stellt sich jetzt in die Mitte.

Balancieren

Jeder umgefallene oder gefällte Baumstamm kann zu einer Vielzahl von Balancierübungen genutzt werden. Geradeaus balancieren, in der Karawane balancieren (an den Schultern fassen), rückwärts balancieren, auf dem Baumstamm aneinander vorbei balancieren ...; der Fantasie von Kindern und Gruppenleiterin sind keine Grenzen gesetzt.

Zapfenspiele

In einem Nadelwald bieten sich die Zapfen als Spielmaterial an. Besonders gut sind sie zum Zielwerfen geeignet.

- Wir suchen uns verschiedene Ziele wie einen Baumstamm, einen offenen Rucksack oder eine Baumscheibe und werfen zuerst aus kurzer, dann aus immer größer werdender Entfernung.
- Wir werfen uns die Zapfen gegenseitig zu und gehen bei jedem Wurf einen Schritt weiter auseinander.
- Wir stellen uns in zwei Reihen gegenüber auf und werfen die Zapfen im Rhythmus eines Spruches oder Liedes hin und her.
- Wir stehen oder sitzen im Kreis und geben die Zapfen in eine Richtung weiter, wir werden dabei immer schneller; auf ein vorher bestimmtes Kommando wechseln wir die Richtung.
- Wir spielen das Gleiche mit zwei (verschiedenen) Zapfen und einer versucht, den anderen einzuholen.

Bei allen diesen Spielen ist es ganz wichtig, dass die Gruppenleiterin aufmerksam wahrnimmt, welche Ideen von den Kindern eingebracht werden und darauf achtet, dass diese auch ausprobiert werden. Zuletzt packen wir natürlich viele, wenn möglich auch verschiedene Zapfen ein, mit denen wir zu Hause experimentieren, werken und spielen können.

Eichhörnchenspiel

Jeder Mitspieler bekommt fünf bis zehn Nüsse, die er in einem eingegrenzten Waldstück wie ein Eichhörnchen unter einem Baum, unter Moos und Laub versteckt. Dann spielen wir zuerst ein beliebiges anderes Spiel. Nach etwa einer viertel Stunde machen wir uns auf die Suche nach den versteckten Nüssen! Wie viele finden wir wieder? Wir stellen uns vor, dass sich die Eichhörnchen ihre Verstecke über den ganzen Winter merken müssen! Es ist nicht verwunderlich, dass sie den einen oder anderen Platz nicht mehr finden und an diesen Stellen neue Haselsträucher wachsen.

Spiel mit Symbolen

Dieses Spiel eignet sich sehr gut als Kennenlernspiel für Gruppen oder an einem Familientag im Wald oder auch im Haus. Die Gruppenleiterin bereitet verschiedene Symbolkärtchen vor, die mit dem Wald zu tun haben: z. B. Blatt, Eichhörnchen, Zapfen, Igel, Feder, Nest …; außerdem brauchen wir Wäscheklammern und Stifte. Die Aufgabe ist: Jede Familie bzw. Kleingruppe einigt sich auf das Symbol, zu dem sie einen Bezug hat. Jedes Familienmitglied erhält ein Kärtchen mit diesem Symbol und befestigt es mit der Wäscheklammer an der Jacke. Jetzt stellen sich die Familien vor und erzählen, warum sie gerade dieses Symbol gewählt haben. Dabei erfahren wir viel über die individuellen Familienstrukturen: Wer setzt sich durch, welche Argumente werden anerkannt, zählt Verstand, Gefühl oder Kraft?

Werken im Wald

Der Wald bietet uns vielfältigste und interessante Materialien zum Werken und Basteln. In unserem Unterstand oder bei schönem Wetter an einem anderen gemütlichen Platz lassen wir uns zum „Waldwerken“ nieder.

Naturketten

Unsere gesammelten Schätze wie Zapfen, Eicheln, Bucheckern, Hagebutten, Samen, Samenhülsen … binden wir nacheinander an einen langen Faden. Hierbei können Kleine und Große gut zusammenhelfen und ein soziales Miteinander üben. Die kleineren Kinder brauchen die Hilfe der Großen z. B. beim Knotenbinden, diese können dafür neue Schätze sammeln.

Waldmobile

Alle Ketten können wir zu einem großen gemeinsamen Waldmobile an einen Ast hängen und nach und nach durch weitere Fundstücke ergänzen. Sowohl die Naturketten als auch das Waldmobile machen wir zu Hause, in der Gruppe oder im Kindergarten noch einmal, um die Schätze des Waldes auch in unseren Alltag mitzunehmen.

Im Elterngespräch kann man diese Aktion auch für einen Familienausflug oder einen Kindergeburtstag vorschlagen und bei der Gelegenheit auf den vielschichtigen Wert von Naturerfahrungen hinweisen.

Waldweben

Wir suchen uns einen möglichst waagerecht gewachsenen Ast, hängen einen zweiten darunter und verbinden die beiden Äste mit festen Schnüren, die wir oben und unten verknoten. Diesen Webrahmen können wir im Wald oder im Garten bauen. Das Grundgerüst sollte möglichst gleichmäßig gespannt und gut verknotet sein. In die senkrechten Spannfäden weben wir quer noch ein paar Schnüre ein, um die Stabilität zu sichern. Jetzt können wir in diesen Rahmen alle gefundenen Naturmaterialien einknoten und einweben.

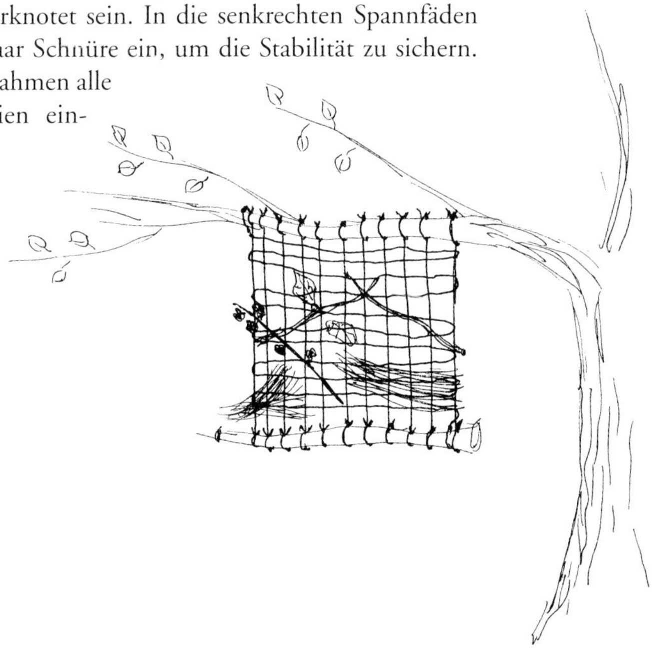

Ich spinn' ohne Rädchen
ein seidenes Fädchen
und knüpfe daraus
mein luftiges Haus.
In Hecken und Ecken
tu ich mich verstecken.
Fliege, bleib fern,
denn ich fang dich gern!

Rätsel
Es hängt an der Wand
ohne Nagel und Band,
von jemand gewebt,
der krabbelt und schwebt.

Spinnennetz

Im Altweibersommer – der Name kommt von den in der Sonne wie weißes Haar leuchtenden Spinnenfäden – können wir uns mit dem Bau eines Spinnennetzes beschäftigen. In der zweiten Septemberhälfte glitzern in der Morgensonne im Wald, auf der Wiese oder im Garten tausend kleine Tautröpfchen in den verschiedenen Netzen von Radnetz- oder Trichterspinnen. Mit einem Grashalm versuchen wir, die Netze vorsichtig zu erschüttern, um die Spinnen, vor allem die Trichterspinnen, aus ihrem Versteck zu locken. Über die Kunstfertigkeit und auch die Stabilität der Netze können wir nur staunen. Die Spinnennetze regen uns an, sie nachzuzeichnen, zu malen oder selbst herzustellen.

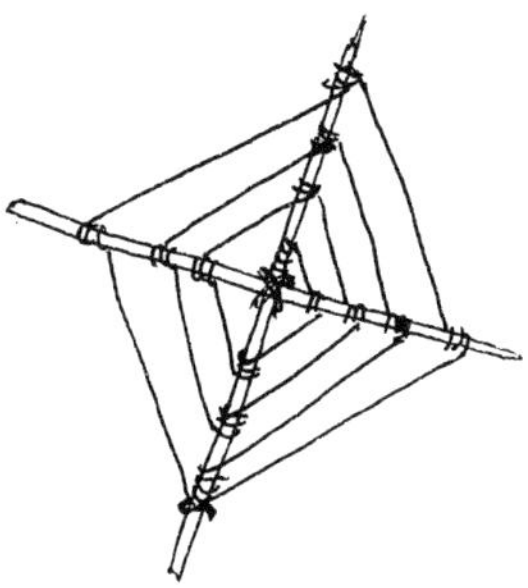

Wenn wir selbst so ein Kunstwerk bauen wollen, fangen wir zuerst klein an. Wir legen zwei oder drei in etwa gleich dünne und lange Zweigstücke gekreuzt übereinander und knoten sie in der Mitte fest zusammen. Mit diesem Faden arbeiten wir gleich weiter, wickeln ihn ein- oder mehrmals von oben her um einen der Äste, führen ihn zum nächsten und wickeln jetzt von unten herum. Wir arbeiten uns immer im Kreis herum von innen nach außen vor. Auf diese Weise können wir ein enges oder weites Netz spannen.
Im Wald oder in einem Garten mit Bäumen versuchen wir uns an einem Riesennetz und spannen Schnüre von Baum zu Baum. Wenn wir die echten Spinnennetze genau betrachtet haben, wissen wir, wie sie verspannt und in welchem Muster sie angelegt sind. Vielleicht sehen wir auch in unserem Netz die Tautropfen glitzern und wir können selbst im Spiel ausprobieren, wie es ist, in einem Netz gefangen zu werden!

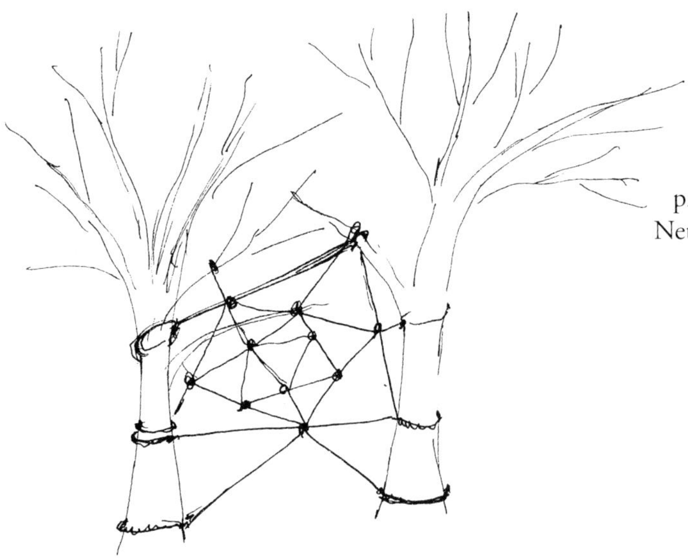

Spinnenseide

Ein Spinnenfaden ist kräftiger als der Faden der Seidenraupe. Er ist 0,007 mm stark, mit bis zu 4 g belastbar und dehnt sich um 22 Prozent. Der Sicherungsfaden einer Kreuzspinne besteht aus einem Tau mit ca. 200 Einzelfäden! Die Spinndrüsen produzieren unterschiedliche Fäden: Wegfäden, Flugfäden, Brückenfäden und Fäden, um die Beute zu fesseln.
Die Jungspinnen suchen sich neue Plätze, indem sie lange Fäden produzieren, die der Wind ergreift. Ist der Faden lang genug, lässt die Spinne ihren sicheren Platz am Ende eines Grashalms los und segelt an ihrem Faden wie ein Drachensegler durch die Luft. An ihrem Landeplatz baut sie sich ihr neues Zuhause. – Im 18. Jahrhundert hat man aus der Spinnenseide Strümpfe und Handschuhe für reiche Damen hergestellt!

Info

Ilse Bilse Spinne
krabbelt rauf und runter.
Kommt der große Regen,
fällt die Spinne runter.
Scheint die liebe Sonne,
trocknet alles auf.
Ilse Bilse Spinne
krabbelt wieder rauf.

Bei diesem Fingerspiel tanzen die Daumen mit den Fingern. Wir setzen die Kuppen von rechtem Daumen und linkem Zeigefinger und linkem Daumen und rechtem Zeigefinger immer im Wechsel aufeinander. Wenn wir das können, versuchen wir es auch mit dem Mittel-, Ring- und kleinen Finger. Wer schafft es, alle Finger durchzuwechseln?

Waldkunst

Objekte wie das Spinnennetz oder Waldmobile bezeichnen wir auch als „Waldkunst“ oder Land-Art. Es gibt unzählige Möglichkeiten, Kunst in der Natur zu schaffen – wir müssen nur die Augen offen halten, nach geeigneten Plätzen und geeignetem Material wie Steinen, Ästen, Blättern, Blüten, Wurzeln usw. Ausschau halten. Durch das bewusste Neuordnen, Umbauen und Einbeziehen des Materials in die Raumgestaltung können wir etwas „Neues“ schaffen, der Natur zu einer neuen Ordnung und damit vielleicht zu mehr Beachtung verhelfen.

Wiese und Feld

Wiesen und Felder sind im Herbst ein vielfältiger Erlebnisraum. Die Wiesen sind gemäht, das letzte Heu ist eingefahren oder liegt noch in riesigen Ballen draußen, es gibt also viel Platz zum Spielen! Auf den Feldern ist die Ernte in vollem Gange. Im Spätsommer und Frühherbst wird das letzte Getreide geerntet. Der Mais wird gelb und trocknet langsam aus, die Kartoffeln sind erntereif und die Kartoffelroder sind unterwegs. Überall begegnen wir Erntemaschinen, die mittlerweile richtigen Ungeheuern gleichen.

Drachensteigen

Die Wiesen dürfen wir nach dem letzten Mähen betreten und auf ihnen spielen. Hier können wir die Naturerscheinungen Wind und Nebel am intensivsten erleben. Wenn der Herbstwind weht sind die Wiesen ein idealer Platz zum Drachensteigen.

Wie der Wind weht, wie der Wind weht,
das wissen die willigen Wellen.

Wie der Wind weht, wie der Wind weht,
das wissen die wandernden Wolken.

Wie der Wind weht, wie der Wind weht,
das wissen die wogenden Wiesen.

Wie der Wind weht, will ich wissen,
weht er weich oder wild?

Margrit Lobeck

Einfacher Papierdrachen

Material: DIN A4-Papiere, Wachsmalkreiden, Schnur, farbiges Papier, Kleber, Holzstäbchen.
Wir falten ein Blatt Papier in der Mitte zusammen und knicken die Drachenflügel wieder schräg zurück. Die Kinder malen den Drachen schön

bunt mit Wachsmalkreiden an. Sie binden dann farbige Papierstreifen wie Propeller an eine Schnur, das wird der lange Schwanz des Drachens. Wir kleben die Bauchfalte des Drachens zusammen und legen die Schwanzschnur mit ein. Ein Holzstäbchen, quer über die Drachenflügel geklebt, gibt dem Drachen die nötige Stabilität. Jetzt wird unterhalb der größten Spannweite am Drachenbauch die Schnur zum Nachziehen angebunden (Loch vorher mit Klebestreifen verstärken).
Und auf geht es hinaus auf die Wiese! Die Kinder ziehen meist den Drachen im Lauf hinter sich her, aber mit einiger Übung schaffen sie es, ihn richtig in den Wind zu halten, so dass er sehr hoch steigen kann.

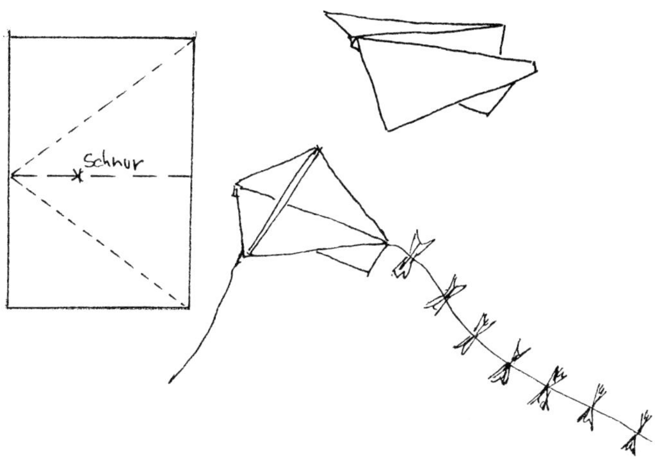

Gerüstdrachen

Die größeren Kinder sind mit dem einfachen Drachen vielleicht nicht mehr zufrieden. Sie können versuchen, einen Gerüstdrachen zu bauen. Dieses Unternehmen braucht aber viel Geduld und Ausdauer.

Material: Kiefernleiste ca. 15 x 5 mm stark, farbiges Transparentpapier (Drachenpapier), dünne reißfeste Schnur, Papierkleber, Klebefilm, Drachenschnur ca. 100 m.
Wir sägen die Längs- und Querleisten (80 und 60 cm) zu und schneiden an jedem Ende eine Längskerbe und eine Einkerbung, um das Fadenkreuz zu befestigen *(siehe Zeichnung)*. Jetzt verbinden wir die zwei Leisten mit einem feuchten Faden fest zu einem Kreuz. Zusätzlich spannen wir eine

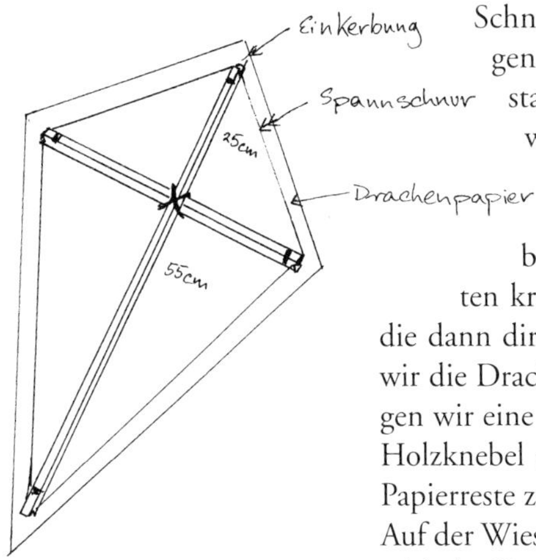

Schnur über alle vier Längskerben. Das fertige Drachengestell legen wir auf unser Papier, dieses schneiden wir mit einem Überstand von ca. 5 cm aus und kleben es fest. Die Ecken verstärken wir mit Klebefilm. Wir drehen den Drachen um und befestigen das Schnurkreuz. Die Längs- und die Querschnüre werden durch das Drachenpapier gefädelt und so an den Kerben verknotet, dass sie sich über dem Kreuzungspunkt der Latten kreuzen. In die Längsschnur knoten wir vorher eine Schlaufe, die dann direkt am Knotenpunkt liegen muss. In diese Schlaufe hängen wir die Drachenschnur ein. Auch am unteren Ende des Drachens befestigen wir eine Schlaufe, in die wir den Drachenschwanz mit einem kleinen Holzknebel einhängen können. Für den Drachenschwanz falten wir die Papierreste zu kleinen Fächern und knoten sie an eine Schnur.

Auf der Wiese hängen wir die um den Holzknebel gewickelte Drachenschnur und den Schwanz ein und versuchen, den Drachen durch Laufen gegen den Wind zum Steigen zu bringen. Hoffentlich klappt es! Steigt der Drache nicht, oder stürzt er immer ab, stimmt oft das Fadenkreuz nicht. Mit Geduld bringen wir es ins Lot.

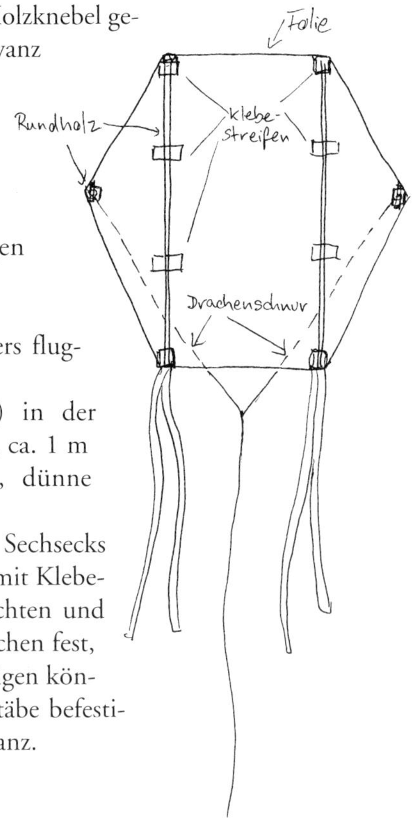

Foliendrachen

Einfacher zum Herstellen und besonders flugfreudig ist ein Foliendrachen.

Material: Dünne Folie (Müllbeutel) in der Größe einer aufgefalteten Tageszeitung, ca. 1 m dünnes Rundholz, festes Klebeband, dünne Schnur.

Wir schneiden die Folie in Form eines Sechsecks aus und kleben zwei lange Rundhölzer mit Klebeband fest *(siehe Zeichnung)*. An der rechten und linken Ecke kleben wir zwei kurze Stäbchen fest, an denen wir die Drachenschnur befestigen können. An den Enden der langen Rundstäbe befestigen wir Folienstreifen als Drachenschwanz.

Was fliegt um alle Ecken?
Was will uns alle necken?
Es ist der Herbstwind, huuh!
Bläst weg den Hut im Nu!

Windräder

Für kleinere Kinder ist ein Windrad ein großes Vergnügen. Es ist schnell aus einem festen, bunt bemalten Papier gefertigt und mit einem Draht an einem Stock befestigt. Die kleinen Kinder können das Papier anmalen, die größeren können das Windrad auch alleine bauen.

Info

Bewegung, das Tor zum Leben und zum Lernen

Alle Spiele mit dem Drachen bringen uns viel Bewegung im Freien. Wir laufen und sausen durch den Wind mit oder ohne Drachen, wir schauen nach oben zu unseren Kunstwerken und sehen, wie der Wind die Wolken vor sich hertreibt. Der Wind vermittelt uns ein Gefühl der Freiheit, wir wollen frei sein und fliegen wie die Vögel und unsere Drachen. Die Bewegung regt unseren Kreislauf und die Atmung an, wir werden richtig durchgepustet, von innen her aufgefrischt. Durch die körperliche Anstrengung und den Kontakt mit dem Naturereignis Wind fühlen wir uns hinterher wohl und angenehm erschöpft. Regelmäßige Bewegung, vor allem an der frischen Luft, wirkt schlechter Laune und späteren Depressionen entgegen. Vielfältige Bewegung fördert die Aufnahme- und Lernfähigkeit. Bewegung ist das Tor zum Leben und Lernen.

Der Nebel

Ein Vorhang aus Luft und Duft gewoben
und wie der Wind geschwind zerstoben –
Was ist es?

An einem Nebeltag gehen wir hinaus, um den Nebel zu spüren:

- Wie fühlt sich der Nebel an? Wie berührt er uns? Weht er an uns vorbei? Ist er feucht oder trocken? Aus was besteht der Nebel? Können wir ihn einfangen?
- Wie weit sehen wir an einem Nebeltag? Dazu gehen wir langsam immer weiter auseinander.
- Wie hören wir im Nebel? Können wir die Richtung, aus der wir Geräusche wahrnehmen, bestimmen?
- Besonders häufig und dicht ist der Nebel in der Nähe von Flüssen, Seen, Mooren und am Meer. Warum?
- Fühlen wir uns im Nebel sicher? Macht er uns Angst? Spüren wir ein Geheimnis in ihm?

Wir versuchen, den vielen Geheimnissen des Nebels nachzuspüren, sie mit unseren Sinnen aufzunehmen und die Stimmung mit nach Hause zu nehmen.

An einem der folgenden Tage rufen wir die Nebelstimmung durch eine Nebelgeschichte wieder in uns wach. Jeder erzählt von seinen Nebelerlebnissen. Wir stellen uns vor, wie sich der Nebel verdichtet und alles zudeckt, wie er wieder aufreißt und in Fetzen über den Himmel fliegt.

Nebelspiele

Dann spielen wir den Nebel. Wir nehmen viele dünne leichte Tücher, schwingen sie durch die Luft, sausen damit durch den Raum, im Vorübergehen streicheln wir uns mit den Tüchern. Die Erwachsenen oder ein Teil der Kinder setzen sich auf den Boden, die übrigen umschmeicheln die Sitzenden mit den Tüchern, dann umgekehrt. Einige Kinder legen sich hin, die anderen decken sie mit Nebelschwaden zu, der Nebel reißt auf und legt sich wieder. Wir singen dazu: „Alle Kinder sind (im Nebel) verschwunden, sehen keine Kinder mehr, seht da sind die Kinder wieder, tralalalalalala!"

Wir werfen die Tücher in die Luft und schauen zu, wie sie langsam zu Boden schweben.

Wir machen einen Knoten in unser Tuch und werfen uns die Nebelfetzen gegenseitig zu.

Zu all unseren Nebelspielen können wir eine schöne schwingende Musik hören.

Im Winter können wir Nebel selbst herstellen, indem wir mit einer Schüssel mit warmem Wasser in die Kälte hinaus gehen. Sofort steigt Nebel auf.

Wenn ich aus dem Fenster schau

Text und Musik: Elisabeth Wagner

2. Und, o Schreck, die Sensation:
s'ist verschluckt das Stadion
samt der Schule. Was für'n Pech!
Wer ist heute nur so frech?

3. Nebel ist's der kecke Wicht,
doch die Sonne zu ihm spricht:
„Schick dir einen Sonnenstrahl,
dann vergehst du überall."

Erntezeit auf den Feldern

Auf den Feldern wollen wir uns, wenn es möglich ist, an der Ernte beteiligen. Wir nehmen Kontakt zu einem Bauern in der Nähe auf. Viele sind gerne bereit, interessierte Gruppen auf ihre Felder zu lassen, wenn sie gewisse Regeln einhalten. Besonders spannend sind für uns die teilweise abgeernteten Felder. Hier sehen wir noch die reife Frucht stehen, die auf die Ernte wartet, aber auch die Stoppeln des abgemähten Getreides.

Getreide

Wir gehen mit einer Sense auf das Feld und mähen den Weizen; die Halme binden wir zu einer Garbe zusammen und stellen sie auf. Wenn das Getreide getrocknet ist, dreschen wir es zu Hause aus und verarbeiten es

später zu Mehl und Brot. Die Ähren binden wir zu Erntekränzen, die Körner sammeln wir für`s Vogelfutter, und aus dem Stroh bauen wir uns Strohwindmühlen oder binden an Weihnachten Strohsterne.

Hejo! Spannt den Wagen an!

Text: überliefert Musik: nach einem englischen Kanon

Kanon zu 3 Stimmen

Mais

Am Rande von abgeernteten Maisfeldern finden wir kleine Maiskolben an vereinzelten Pflanzen oder am Boden, die wir aufsammeln und mitnehmen. Auch die Blatthüllen der Kolben können wir brauchen und zu Maispüppchen und Tieren verarbeiten. Aus den ganzen Maiskolben bauen wir Rennautos und Fantasietiere, die Körner fädeln wir zu Ketten und Raupen auf. Da die meisten Maisfelder stark gespritzt werden (Monokultur), sollten wir die Kolben nur essen, wenn wir auf einem Biofeld sind. Sie schmecken roh, gekocht oder auch gegrillt hervorragend.

Kartoffeln

Die Kartoffelernte dürfen wir auf keinen Fall verpassen. Wenn die Kartoffeln erntereif sind und wir die Erlaubnis haben, gehen wir hinaus und graben mit dem Spaten eine Pflanze aus. Alle werden staunen wie viele Früchte an einer Pflanze hängen, wie viele neue Kartoffeln aus einer Saatkartoffel, der Mutterkartoffel, gewachsen sind.

Nachdem der Kartoffelroder gefahren ist, gehen wir zum Nachklauben auf's Feld. Die kleinen Früchte fallen durch den Rechen und bleiben auf der Erde liegen. Wir können sie möglichst gleich am Feld, in der Glut eines Kartoffelfeuers garen, etwas abkühlen lassen und direkt aus der Schale essen. Es ist ein intensives Sinneserlebnis: der rauchige, erdige Geschmack der Kartoffeln, der Duft, das Knistern und die Wärme des Feuers, die heißen Kartoffeln in der Hand, die Erdklumpen unter den Füßen … Beim Kartoffelfeuer wird das abgetrocknete Kraut der Kartoffeln verbrannt. Es funktioniert also nur bei trockenem Wetter.

Die Kartoffelmänner

Fünf kleine Kartoffelmänner,
das waren pfiffige Leute.
Der dickste war der Kartoffelkönig
Und machte den Kindern viel Freude.
Der zweite war recht dünn und lang
Und wurde Reiberdatschi in der Pfann'.
Der dritte, wer kann es raten,
wurde ein Knödel zum Schweinebraten.
Dem vierten war es einerlei,
drum wurde er Kartoffelbrei.
Aus diesem Kleinen namens Fips,
da wurden viele Kartoffelchips.
Nun rutschen alle fünfe munter
und schnell in unseren Bauch hinunter.

Die Gruppenleiterin überlegt sich passende Bewegungen der Hände zum Text und sollte auch die Vorschläge der Kinder aufgreifen.

Kartoffellied

Volksweise aus Nordmähren

2. Man kann sie gebrauchen für Supp' und Salat,
geröstet, gebraten nach mancherlei Art.
Und fehlt es an Fleischwerk und fehlt es an Schmalz,
so rutschen sie auch ganz allein durch den Hals.

Kraut

Wenn die frischen Krautköpfe geerntet werden, bietet sich die Gelegenheit zu einer ganz tollen Aktion, zum Sauerkrautstampfen!
Wir nehmen dazu verschieden große Krautköpfe und wiegen sie zuerst in unseren Händen, wir geben sie im Kreis weiter. Achtung, nicht fallen lassen! Dann schauen wir sie genau an und entdecken, dass sie aus ganz vielen eng aneinander liegenden Blattschichten zusammengesetzt sind. Ein paar von den äußeren Blättern machen wir ab, um am Schluss das Kraut damit abzudecken. Jetzt schneiden wir die Krautköpfe auseinander und hobeln sie. Das ist eine Arbeit für die Erwachsenen und größeren Kinder. Das gehobelte Kraut füllen wir in eine große Wanne und geben etwas Salz dazu.

Es macht natürlich den größten Spaß, das Kraut wie in früheren Zeiten mit nackten Füßen zu stampfen! Dazu waschen wir allen Kindern gründlich die Füße, bevor sie in die Krautwanne steigen und zu unserem rhythmischen Klatschen oder Trommeln, zu Sprüchen und Liedern das Kraut weich stampfen.
Beispiel: Wir nehmen uns an den Händen und stampfen 8 Schritte nach rechts, 8 nach links, 4 nach rechts, 4 nach links, 2 nach rechts, 2 nach links, einen nach rechts, einen nach links, dann nehmen wir die Arme in die Mitte und schreien huuh! Dazu zählen wir laut: „Und eins und zwei und drei und vier …"

Wenn genug Saft austritt, füllen wir das Kraut in Gefäße (am besten Gärtöpfe) und würzen es mit Wacholderbeeren und Lorbeer. Wir pressen das Kraut so fest in das Gefäß, dass die Flüssigkeit über dem Kraut steht und decken es mit einem ganzen Krautblatt ab. Ein Stückchen frischer Meerrettich verhindert die Bildung einer Kahmschicht (weiße, pelzige Schicht).

Obendrauf legen wir die zum Gärtopf gehörenden Steine oder ein Brettchen, das wir mit einem Stein beschweren. Das Kraut kann jetzt langsam gären. Nach ca. vier Wochen können wir das erste Kraut essen! Achtung, die Luft muss aus dem Gefäß entweichen können, es sollte aber wenig frische Luft und vor allem kein Schmutz hineinkommen!
Mit dieser Aktion haben wir Einblick in ein altes Handwerk bekommen und können uns schon im Herbst auf ein leckeres Sauerkrautessen im Winter freuen!

Apfelernte

Rätsel
Im Winter bin ich nackt und bloß,
im Frühjahr hübsch geschmückt.
Im Herbst da trag' ich doch sehr schwer
die Last wird abgepflückt.

Bei der Apfelernte zu helfen, ist ein schönes Erlebnis. Es ist spannend, auf Bäume oder auf Leitern zu klettern, um die Äpfel zu pflücken. Alle Äpfel werden in Körben gesammelt. Auf einer Streuobstwiese stehen immer verschiedene Apfelsorten zusammen. Wir probieren gleich, welche Äpfel frisch vom Baum am besten schmecken. Manche müssen noch ein paar Wochen lagern, wie z. B. der Boskop, um ihr volles Aroma zu entwickeln. Das Fallobst sammeln wir in extra Körbe, es muss schneller verbraucht werden, da es Druckstellen hat. Als Lohn für die Arbeit können wir einen Apfel auf einen Stock spießen und am Lagerfeuer braten.

! Info

Die Streuobstwiese
Auf einer so genannten Streuobstwiese, in den alten Bäumen, in einer Hecke und im hohen Gras, findet sich der ideale Lebensraum für viele Tiere: Fledermäuse, Gartenschläfer, Siebenschläfer, Wiesel, Steinmarder, Hamster, Käuzchen und andere Vögel, Igel und bis zu 1000 Spinnenarten sind hier zu Hause.

Apfelsaft pressen

Alle Kinder trinken gerne Apfelsaft, aber wer weiß schon, wie er entsteht? Wenn wir genug Fallobst haben und bei einem Bauern eine alte Handpresse und einen Apfelschnitzler ausleihen können, pressen wir uns selbst frischen Apfelsaft.

Die Äpfel werden zuerst in einer großen Wanne grob gewaschen, die fauligen sortieren wir aus. Die guten halbieren wir und drehen sie mit Kerngehäuse, Stiel und Würmern durch den Schnitzler. Wir füllen diese Masse in die Presse und drehen sie mit vereinten Kräften. Den herauslaufenden Saft fangen wir in Krügen auf. So schmeckt reiner, frischer Apfelsaft!

Apfelstrudel

Zutaten für den Teig: 500 g Weizenmehl Typ 1050, ca. 200g Wasser, 6 El Sonnenblumenöl, 1 El Essig.
Das Mehl auf den Tisch geben, in die Mitte eine Kuhle machen und Öl, Essig und Wasser hineingeben. Alles zu einem festen, aber elastischen Teig verarbeiten. Er muss sehr kräftig geknetet, geschlagen und auf den Tisch geworfen werden! Sehr gut ist er, wenn sich auf der Oberfläche Blasen bilden. Dann muss der Teig unter einer angewärmten Schüssel eine Stunde ruhen. Wir bereiten die Zutaten für die Füllung vor.
Zutaten für die Füllung: 1 kg gehobelte Äpfel, 100 g gemahlene Nüsse, zerlassene Butter, Rosinen, Zucker und Zimt.
Den Teig teilen wir in vier Teile, rollen ihn auf einem bemehlten Tuch erst ½ cm dick aus und ziehen ihn dann mit den Händen papierdünn aus. Wir bestreichen ihn mit etwas Butter, bestreuen ihn mit Nüssen und belegen

ihn mit den Äpfeln. Zum Schluss streuen wir noch Zimt und Zucker und nach Belieben Rosinen darüber. Mit Hilfe des Tuches rollen wir den Strudel auf und lassen ihn auf ein gefettetes Backblech gleiten. Auch die Oberfläche bestreichen wir mit Butter. Sind alle Strudelrollen fertig, schieben wir sie bei 200° C in den vorgeheizten Backofen und backen sie etwa 30 Minuten. Mit Puderzucker bestreut schmeckt er besonders lecker.

Wenn wir mit Kindern backen, können die Kinder den Teig klopfen und kneten und beim Belegen und Zusammenrollen helfen.
Beim Kneten sprechen wir Bäckersprüche *(siehe Seite 100)*.

Apfelstrudel

Text und Musik: Elisabeth Wagner

2. Apfelstrudel, Apfelstrudel
essen alle Leute gern:
Schneide, schneide Äpfel klein,
rolle, rolle Strudel ein!

3. Apfelstrudel, Apfelstrudel
essen alle Leute gern:
streiche, streiche Butter drauf
und jetzt mach das Backrohr auf!

4. Apfelstrudel, Apfelstrudel
essen alle Leute gern:
Hm, der Strudel riecht durchs Haus;
Leute gebt die Teller raus!

5. Apfelstrudel, Apfelstrudel
essen alle Leute gern:
(gesprochen) Ham, ham, ham,
den Strudel ess 'ma z'amm!
(oder) Schleck, schleck, schleck,
den Strudel putzen wir jetzt weg!

Am Wasser

Im Herbst ist das Wasser schon zu kalt, um darin herumzulaufen, zu plantschen, es zu erforschen. Wir sollten uns bei einem Ausflug ans Wasser auf alle Fälle mit dichten Gummistiefeln und warmen Socken ausrüsten! Interessante Spielereien am Wasser sind z. B. Naturkunstwerke, die besonders im Herbst schön sind, bei denen wir aber keine nassen Füße bekommen.

Land-Art: Kunstwerke in der Natur

Schwimmender Blätterteppich

An einem sonnigen Herbsttag sammeln wir viele bunte Blätter und lange feste Stiele. Die Blätter stecken wir mit den Stielen zu kleinen bunten Teppichen zusammen, die wir auf dem Wasser schwimmen lassen. An einem langsam fließenden Gewässer werden sie von der Strömung mitgenommen und wir können den in der Sonne leuchtenden Farbflecken nachschauen, bis sie in der Ferne verschwinden oder auch untergehen. In einem Teich oder am Seeufer werden sie vielleicht vom Wind ein bisschen weggetrieben, bleiben aber lange Zeit sichtbar.

Regenvogel

In einer feuchten Wiese am Rand eines Gewässers fühlt sich der „Regenvogel“ wohl!

Material: Um ihn zu erschaffen, brauchen wir einen geeigneten Ast als Vogelkörper, Schilfgras für den Schwanz, eine kleine Konservendose als Wasserbehälter, zwei feste Zweige mit Astgabelungen, Schnur, Nagel, Schraube, Handbohrer, Taschenmesser und Schraubenzieher.

Die Dose wird auf den Vogelkopf geschraubt, das Schilf oder Gras an das andere Ende des Körpers gebunden. Der Vogelschwanz muss noch mit einem fest angebundenen Stein beschwert werden. Die Dose füllen wir fast ganz mit Wasser. Indem wir den Vogelkörper locker zwischen zwei Finger nehmen und das Gleichgewicht ausbalancieren, finden wir die Stelle, an der wir den Aufliegenagel durch das Holz schlagen müssen. Die Astgabeln spitzen wir zu, drücken sie nebeneinander fest in den Boden und verbinden sie mit zwei Schnüren, die gleichzeitig als Bremser dafür dienen, dass der Vogel nicht zu weit nach vorne bzw. nach hinten kippen kann. Für den Testlauf gießen wir Wasser in die Konservendose, bis der Vogel nach vorne kippt, das Wasser herausläuft, und der Vogel sich durch das Gewicht des Schwanzes wieder aufrichtet. Bei jedem Regen vollführt der Regenvogel jetzt diese eigenartige Zeremonie.

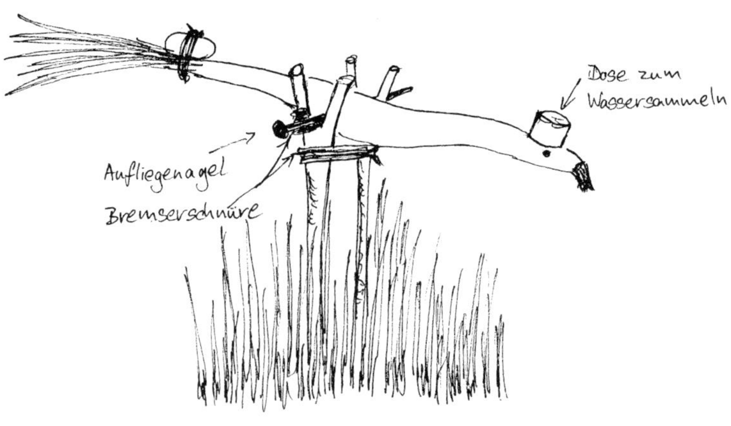

Wasser-, Licht- und Wolkenzauber

Schwimmende Lichter

Gerade im Spätherbst, wenn es schon früh dunkel wird, sind schwimmende Lichter bei einem Abendspaziergang am Bach, Teich oder See ein beeindruckendes Erlebnis. Bevor wir losgehen, lassen wir Kerzenwachs in Walnussschalenhälften tropfen und stecken ein Stück Docht hinein. Am Wasser zünden wir die Lichter an und lassen sie in großer Zahl schwimmen. Wir schauen ihnen nach und singen Abendlieder.

Wolkenbilder

Wenn wir im Herbst den Himmel beobachten, sehen wir oft ein faszinierendes Schauspiel. Der Wind bläst die Wolken über den Himmel, treibt sie zusammen und reißt sie wieder auseinander. Dieses Schauspiel können wir auch sehr gut im Spiegel beobachten. Als Riesenspiegel benutzen wir einen Teich oder See. Wir setzen uns mit Block und Farben ans Wasser und malen, was uns der Spiegel zeigt! Auf den Bildern kann alles auftauchen: die Bewegung der Wolken, die Wellen des Wassers, das im Wind schaukelnde Schilf …

In den Bergen

Der Bergwald

Der Herbst, vor allem der Oktober, ist eine wunderbare Zeit für kleine Bergwanderungen. Es ist nicht so heiß wie im Sommer, es sind weniger Menschen unterwegs und in den Mischwäldern leuchten die gelben und roten Blätter. Der Wald zeigt sich von seiner schönsten Seite.
Die Bergwälder haben auch eine wichtige Funktion für die Berge und den Menschen. Sie schützen die Hänge vor Erosion, halten die Erde auf dem Gestein und speichern die Feuchtigkeit, damit auch andere Pflanzen dauerhaft wachsen können. Die Wälder bieten den Tieren den überlebenswichtigen Schutzraum und verhindern Erdrutsche und Lawinenabgänge. Über der Baumgrenze, die sich durch kleine, verkrüppelte Kiefern (Latschen) ankündigt, gibt es keinen Schutz mehr vor Wind und Wetter. Die letzten Bäume sind vom Wind zerzaust, sie haben nur auf der dem Wind abgewandten Seite Äste und neigen sich auch in diese Richtung. Außer den gegen die Kälte unempfindlicheren Nadelbäumen finden wir hier noch vereinzelte Ebereschen (Bergeschen), die sich aus Samen entwickeln, die Vögel in Felsspalten fallen ließen. Weiter oben wachsen nur noch wenige niedrige Pflanzen, die sich in Felsnischen und Spalten festhalten, aus denen der Wind die Erde nicht wegblasen kann.

Ausflug in die Berge

Bergwanderungen sind keine alltäglichen Unternehmungen für Kinder. Wenn wir mit Kindern, besonders mit kleinen Kindern, in den Bergen unterwegs sind, sind die erwachsenen Begleiter meist vor und während der Wanderung gefordert, diese zu motivieren. Ein spannendes Motto, z.B. „Auf den Spuren von Rübezahl“, hilft dabei. Bei der Anreise kann eine geheimnisvolle Geschichte dazu die Neugierde wecken. Manche Berge haben auch lustige oder seltsame Namen, zu denen man eine Geschichte erfinden

kann. Kinder interessieren sich auch für Sagen, die dem Gebiet zugeschrieben werden, in dem wir unterwegs sind.
Grundsätzlich sollten wir Folgendes beachten:

Vorbereitung

- Wir stecken uns kleine Ziele.
- Wir suchen eine abwechslungsreiche Route.
- Wir brauchen eine Wanderkarte, Wegbeschreibung, evtl. Kompass.
- Wir nehmen uns viel Zeit, um die Welt mit den Augen der Kinder zu entdecken.
- Wir machen an den schönsten „Spielplätzen" Pause.
- Wir achten auf die Ausrüstung unserer Kinder: gute Wanderschuhe, Regenschutz, evtl. Pullover, lange Hose und Mütze.
- Wir haben ausreichend Proviant und Wasser dabei und ein Bestimmungsbuch für Pflanzen und Tiere.
- Zur Motivation der Kinder überlegen wir uns ein Thema, das uns auf der Wanderung begleitet.
- Wir rechnen damit, dass wir selbst das kleinste Ziel nicht erreichen, weil die Erlebnisse unterwegs so spannend waren, dass wir einfach nicht schneller vorwärtsgekommen sind.

Meist ist bei Bergwanderungen mit Kindern die erste halbe Stunde die schwierigste Zeit. Alle müssen sich erst an das Gehen gewöhnen, vor allem wenn es bergauf geht. Oft beginnt ein Kind nach dem anderen zu jammern, weil es Durst oder Hunger hat, einen zu schweren Rucksack oder sonst irgendein Leiden. Diese Zeit müssen wir geduldig überbrücken, z.B. mit einem gemeinsamen Lied, zu dem wir eigene Strophen dichten.

Unterwegs

Mit Kindern in den Bergen unterwegs sein heißt, Abstriche von hochgesteckten Zielen, Gipfelstürmen und langen Touren zu machen. Diese Abstriche können aber auch ein Gewinn sein: Erwachsene müssen nur ihren Blickwinkel verändern, wenn sie mit Kindern, egal welchen Alters, in den Bergen wandern wollen. Die Wegstrecken werden kleiner, aber die Intensität der Erlebnisse wird gleichzeitig größer. Sich mehr Zeit zu nehmen, den Augenblick zu genießen und Unscheinbares wieder zu entdecken, tut allen Erwachsenen gut und vermittelt Zufriedenheit, wenn man sich darauf einlassen kann. Für Kinder ist Abwechslung und ausreichend Zeit zum

Entdecken, Erforschen und Spielen wichtiger als ein wunderschöner Ausblick am Gipfel. Auf interessanten Pfaden und verschlungenen Wegen gibt es mehr Geheimnisse zu erspüren als auf langweiligen Forststraßen, die geradezu zum Jammern anregen. Spannend sind die Ameisen, die den Weg kreuzen, die Pilze, die unter einem Farndach stehen oder die Pflanzen, die scheinbar aus den Steinen wachsen. Wenn wir unbedingt hoch hinaus wollen, sollten wir uns überlegen, ob wir nicht eine vorhandene Seilbahn nutzen und mit den Kindern einen Höhenweg gehen. Grundsätzlich ist es besser, bergauf zu gehen und bergab zu fahren, als umgekehrt. Bergauf wandern ist zwar anstrengender, aber die Langsamkeit beim Gehen gibt uns die nötige Zeit zum bewussten Entdecken und Forschen. Beim Abwärtsgehen werden die Gelenke stärker belastet und die größere Geschwindigkeit verleitet vor allem die Kinder zu Unachtsamkeit. Die Unfallgefahr durch Stolpern und Rutschen ist deutlich erhöht.
Ständiges Jammern wegen Hunger oder Durst kann auch auf Langeweile oder Überforderung der Kinder zurückzuführen sein. Oft suchen die Kinder nach Aufmerksamkeit und Abwechslung, was durch die vielfältigen Spielmöglichkeiten leicht befriedigt werden kann.

Um Durst und Hunger zu stillen, legen wir häufiger kleine Pausen ein, wir müssen auf den durch die ungewohnte Anstrengung erhöhten Flüssigkeitsbedarf der Kinder Rücksicht nehmen. Ein Bach, der sich durch eine Wiese schlängelt, ein kleiner Wasserfall, eine Blumenwiese, ein kleiner Kletterfelsen oder ein urwaldähnliches Waldstück sind die besten Plätze für eine ausgiebige Rast. Die Lebensgeister erwachen sofort wieder, wenn die Kinder nach der stärkenden Brotzeit über einen Bach springen, kleine Frösche fangen, Brücken bauen oder sich im Klettern üben können.
Auf dem Weg durch die Berge sollten wir uns in unsere eigene Kindheit zurückversetzen, unsere Fantasie spielen lassen und alle Spielmöglichkeiten nutzen, die uns das Gelände bietet. Für die Kinder und für uns kann die Wanderung so zu einem spannenden Abenteuer werden. Wichtig für die Kinder ist einzig das gemeinsame Erleben. Angeregt durch Fauna, Flora, Wetter, Landschaftsformen und Geräusche erfinden wir gemeinsam Geschichten, die uns in Traumwelten mit Zwergen, Elfen und anderen Naturgeistern oder Fabelwesen versetzen. Wir erleben unsere ganz eigene Wanderung, die noch in keinem Führer beschrieben wurde!

Am Berge stehen, guck nur, guck,
die beiden Zwerge Pit und Puck.
Sie wispern mit den Stimmchen hell,
sie trippeln wie der Wind so schnell,
da tut's im Berge einen Ruck,
Rabum – und weg sind Pit und Puck.

Hedwig Diestel

Auf der Hütte

Ein sehr aufregendes Erlebnis ist sicher die Übernachtung auf einer Hütte. Bei der ersten Übernachtung brauchen die Kinder unseren ganz besonderen Schutz und unsere Aufmerksamkeit in dieser neuen Situation. Je selbstverständlicher und freudiger wir selbst damit umgehen, um so freudiger wird der Aufenthalt für die Kinder, und um so selbstverständlicher werden die nächsten Hüttenbesuche. Auf einer Hütte können die Kinder das einfache Leben erfahren: beim Schlafen im Lager, beim einfachen Essen, oft gibt es nur kaltes Wasser, manchmal keinen Strom. Dafür erleben wir Geborgenheit, Sicherheit und Spaß mit Gleichgesinnten.

Himpelchen und Pimpelchen,
die gingen auf einen Berg.
Himpelchen war ein Heinzelmann
und Pimpelchen ein Zwerg.
Sie blieben lange oben sitzen,
und wackelten mit ihren Zipfelmützen.
Doch nach fünfundsiebzig Wochen
sind sie in den Berg gekrochen,
schlafen dort in guter Ruh.
Sei mal still und horch gut zu!
Ch ch ch ch ch ch …

Marie Engelmann-Herz

Die Fäuste sind die Berge, die Daumen die Zwerge, durch entsprechende Bewegungen und Geräusche untermalen wir die Geschichte.

Zu Hause betrachten wir unsere mitgebrachten Schätze ganz genau, überlegen, wo wir was gefunden haben und an welche Erlebnisse sich jeder Einzelne erinnern kann. Gesammelte Pflanzen pressen wir in einer Blumenpresse oder zwischen dicken Büchern; für Steine und Hölzer suchen wir uns einen schönen Platz und wir machen das Schuhsohlenexperiment.

Schuhsohlen-experiment

Nach einer Bergwanderung, die uns durch sehr unterschiedliches Gelände geführt hat, wollen wir ausprobieren, was wir in unseren Schuhsohlen mit nach Hause gebracht haben. Wir kratzen die Erde aus den Ritzen und geben sie in einen Blumentopf, den wir auf das Fensterbrett stellen und gut feucht halten. Mit Spannung erwarten wir, was da keimt!
Schon der Naturforscher Charles Darvin hat dieses Experiment gemacht und damit bewiesen, dass überall in der Erde Samen liegen, die nur auf den richtigen Zeitpunkt warten, um ans Licht zu kommen.

Naturbeobachtungen im Herbst auf einen Blick

Im September

- Die letzten Ackerblumen blühen: Kamille, Kornblume
- Die giftigen Herbstzeitlosen, die sogar vom Vieh gemieden werden, blühen.
- Im Lärchenwald finden wir noch essbare Röhrlinge.
- Die nicht geernteten Holunderbeeren bieten ca. 60 Vogelarten eine beliebte Futterstelle.
- Wespen, Hornissen und Hummeln sind noch einmal aktiv, bevor die Völker aussterben. Nur die befruchteten Königinnen suchen sich einen geschützten Platz zum Überwintern in morschen Baumstümpfen.
- Die Marienkäfer verstecken sich zu mehreren vor dem Frost in Scheunen und unter Steinen.
- Der „Altweibersommer" zeigt uns überall glitzernde Spinnennetze.
- Der Vogelzug beginnt im September, im Oktober sammeln sich die Stare auf Bäumen; Lerchen und Drosseln halten in großen Schwärmen kurzzeitig Rast.
- Mit den Zugvögeln ziehen auch die Schmetterlinge Admiral und Distelfalter bis an die afrikanische Nordküste.
- Vögel picken die Körner auf den abgeernteten Getreidefeldern.
- Auch Feldhasen und Mäuse können wir auf den Feldern beobachten.

Im Oktober

- Wildfrüchte wie Hagebutten, Nüsse, Brombeeren, Eicheln … sind reif.
- Die Samen von Bäumen und Sträuchern verbreiten sich.
- Die letzten Libellen und Schmetterlinge fliegen, die letzten Heuschrecken springen.
- Das Herbstlaub färbt sich.
- Ende Oktober treffen unsere Wintergäste, die Saatkrähen, Bergfinken und Kormorane ein.
- Die Igel bereiten sich in Laubhaufen oder an anderen geschützten Plätzen ihr Winterquartier.

Im November

- Die Lärchennadeln werden gelb.
- Die Fichtensamen fliegen.
- Die Wintersaat sprießt auf den Feldern.
- In den laubfreien Bäumen werden Misteln und verschiedene Vogelnester sichtbar.
- In der Gartenerde finden wir Käfer, Raupen und Puppen, die sich für den Winter zurückgezogen haben.
- Unter dem Laub finden wir viele Zersetzertierchen: Springschwänze, Rindenläuse, Asseln, Schnurfüßer, Regenwürmer, Käfer, Würmer, Spinnen, Larven …
- An vertrockneten Brennnesselpflanzen entdecken wir die Puppe des Admirals.
- Die Vögel fallen in wilde Hecken ein, manche fressen sich durch 40 (!) Arten von Heckensträuchern.
- Den Wildtieren wie Rehen, Hasen, Mardern und Füchsen wächst ein dickes Winterfell.
- Die Rehböcke werfen ihr Geweih ab.

Im Dezember

- In den Hecken finden wir viele Vogelnester, bis auf das kugelige Zaunkönignest sind sie unbewohnt.
- Die diesjährigen Fichtenzapfen fallen, die fallenden Kiefernzapfen sind immer aus dem Vorjahr.
- Die Christrose blüht.
- Die laubfreien Bäume geben ein interessantes Bild ab.

Forschen, Werken und Spielen mit Naturmaterial

Nicht nur im Wald, sondern auch zu Hause, im Garten, im Kindergarten, in der Eltern-Kind-Gruppe oder bei einem Kindergeburtstag setzen wir Naturmaterial als Spiel-, Werk- und Forschungsobjekt ein. Kinder brauchen viele Gelegenheiten, etwas zu erforschen, Ursache und Wirkung zu erkennen und eigene Erfahrungen zu machen. Je offener und freier wir als Gruppenleiter dem Material begegnen, um so mehr Ideen werden die Kinder entwickeln. Hier wollen wir ein paar Anregungen geben, die natürlich beliebig auszubauen, zu ergänzen und zu erweitern sind. Viele dieser Vorschläge sind in unseren Gruppen und Seminaren aus der Situation heraus entstanden oder direkt von den Kindern eingebracht worden.

Info

Naturmaterial und Tastsinn
Beim Spielen mit Naturmaterial wird vor allem der Tastsinn angesprochen. Das Befühlen der unterschiedlichen Oberflächen (rau, glatt, borstig, warm, kalt, stachlig ...) lässt uns in direkten Kontakt mit der Umwelt treten, wir spüren die Vielfalt der Schöpfung und entwickeln Ehrfurcht vor ihr. Für die kleinen Kinder ist es häufig schon ausreichend, die Materialien zu befühlen und zu begreifen. Wenn wir werken, steht nicht das fertige Werkstück im Vordergrund, sondern die Materialerfahrung.

Rinden und Äste

Kerzenständer

Wir schmücken ein schönes Rinden- oder Wurzelstück mit verschiedenen anderen gesammelten Naturschätzen wie Moos, Zapfen, Hagebutten usw., drehen eine Kerze aus einer Bienenwachswabe und einem Stück Docht und befestigen sie mit Klebwachs auf der Rinde. Dieser selbstgestaltete Kerzenständer bringt uns als Tischschmuck zu jeder Jahreszeit ein Stück Natur ins Haus.

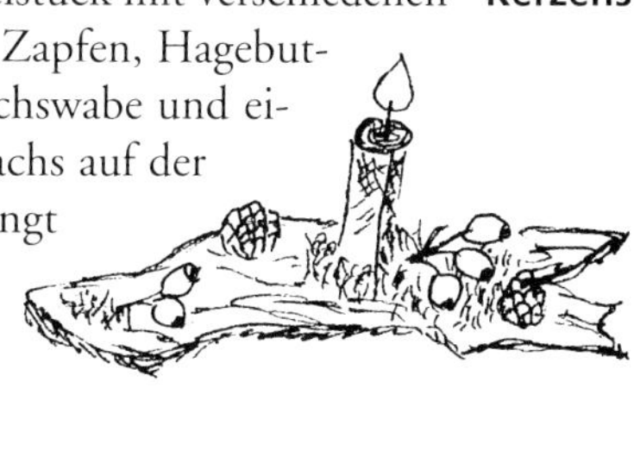

Webrahmen

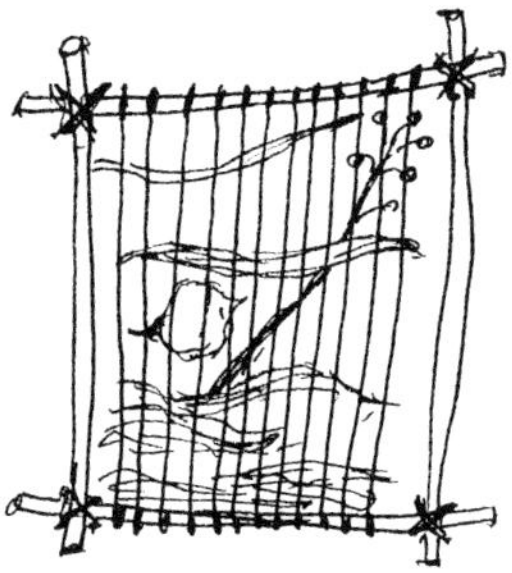

Wenn wir nicht direkt im Wald, sondern zu Hause weben wollen, bauen wir uns aus vier Stöcken einen Webrahmen. Wir legen die Stöcke zu einem Viereck zusammen und verbinden die Ecken ganz fest mit Bast oder Schnur. Die Verbindungsstellen muss man mehrfach in beiden Richtungen umwickeln und verknoten. Dann spannen wir die Kette: Wir knoten eine feste Schnur links an den oberen Ast und umwickeln ihn noch einmal, führen den Faden gespannt nach unten, umwickeln den unteren Ast und verknoten ihn wieder. So bespannen wir den ganzen Webrahmen. Die Abstände der Kettfäden können wir selbst bestimmen. In dieses Grundgerüst können wir viele Dinge einweben: z. B. Wolle, Grashalme, Getreideähren, Samenstände, Samenhülsen *(siehe Zeichnung Waldweben, Seite 37)*.

Bäume aus Wurzeln

Eine ganz besondere Sichtweise auf einen Baum haben wir manchmal nach einem starken Herbststurm. Wenn wir einen entwurzelten Baum finden, können wir ihn von unten betrachten. Das Wurzelgeflecht einer Fichte hat einen Durchmesser von 2 bis 4 m und ist fein verästelt. Wir schneiden uns mit einer kräftigen Gartenschere Wurzelteile heraus und säubern sie gut. Wenn wir solch ein Wurzelgeflecht nach oben halten und es betrachten, sieht es wie ein kleiner Baum im Winter aus, der seine kahlen Äste in den Himmel streckt. Wir befestigen ihn in einem kräftigen Rindenstück oder einer kleinen Baumscheibe, in die wir ein Loch gebohrt haben, und fertig sind unsere Bäume für Jahreszeitentische, Krippenlandschaften oder Puppenspiele.

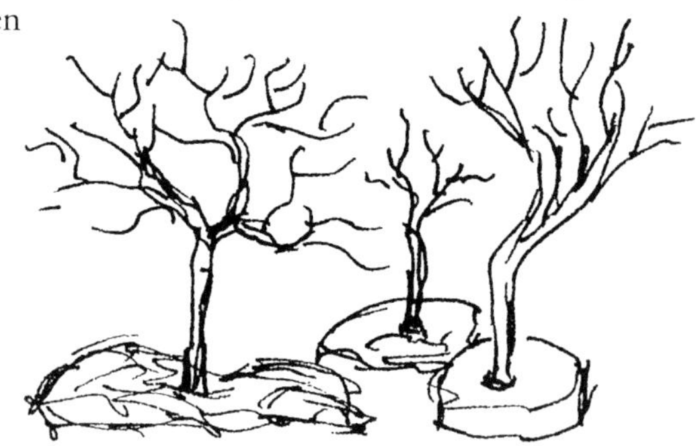

Blätter

Langsam fällt jetzt Blatt für Blatt
von den bunten Bäumen ab.
Jeder Weg ist dicht besät
und es raschelt, wenn man geht.

Blattfärbung

Info

Die herbstliche Gelbfärbung der Blätter entsteht dadurch, dass das Chlorophyll, der grüne Farbstoff, abgebaut wird. Nur die Carotinoide bleiben als gelber Farbstoff erhalten. Der Zellsaft färbt sich durch Anthrocyane, die sich außer z. B. bei Blutbuchen erst im Herbst bilden, rot.

Die heruntergefallenen Herbstblätter sind ein ausgezeichnetes Werk- und Spielmaterial. Vor allem den Kindern fallen unendlich viele Spielvariationen ein, wenn sie erst einmal mit dem Material vertraut sind und spüren, dass sie frei damit umgehen können. Als Einstiegslied zum Spielen und Werken mit den bunten Herbstblättern singen und spielen wir „Horch, horch, der Herbstwind weht".

Horch, horch, der Herbstwind weht

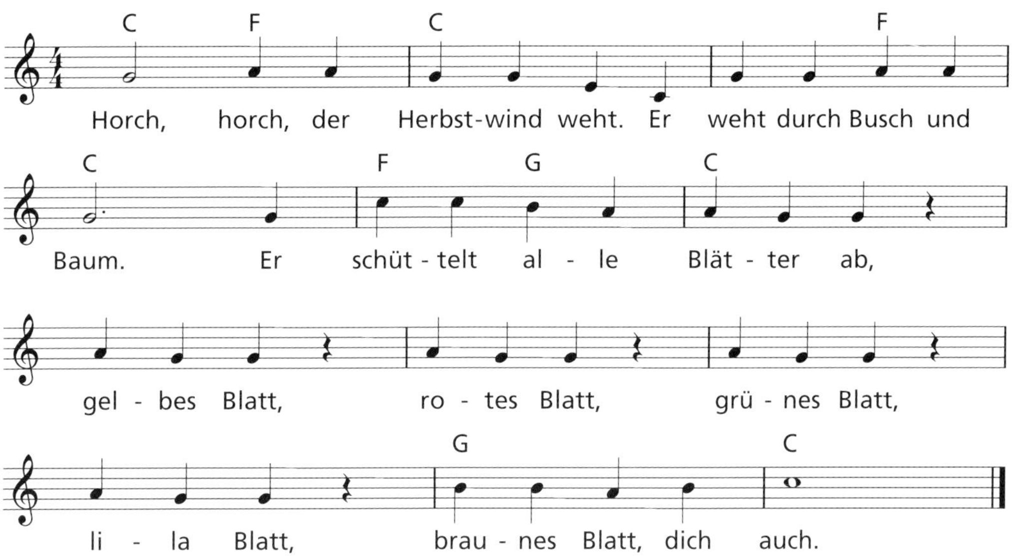

Spiele mit dem Laubhaufen

- Wir rascheln durch das trockene Laub.
- Wir schaufeln das Laub mit Händen und Füßen zu einem großen Haufen auf.
- Wir spielen im Laubhaufen, werfen die Blätter hoch und lassen sie auf uns herunterfallen.
- Wir graben uns gegenseitig im Laubhaufen ein.
- Wir verstecken uns im Laubhaufen und spielen Tiere im Winterschlaf.
- Die Kinder verstecken sich und die Eltern müssen sie ertasten und erkennen.
- Wir suchen durch blindes Tasten und Fühlen gleiche Blätter aus dem Haufen.

Memory

Ein Blätter-Memory aus aufgeklebten Blättern macht beim Herstellen und beim Spielen großen Spaß. Wir kleben von verschiedenen Bäumen jeweils zwei Blätter auf Kärtchen auf, mischen sie und legen sie verdeckt auf den Tisch. Wer findet die zwei, die zusammenpassen? Wer weiß, zu welchem Baum die Blätter gehören? Wer weiß was zusammengehört, wenn wir immer eines der Blätter durch einen Samen, ein Bild vom Baum oder sogar ein Rindenrubbelbild ersetzen?

Blätterpalette

Wir bereiten uns eine Pappe als Palette vor. Dann suchen wir uns Blätter in möglichst vielen verschiedenen Farben und kleben sie auf unsere Pappe. Wir können aber auch nur Rot-Töne oder verschiedene Gelb- und Braun-Töne aufkleben.

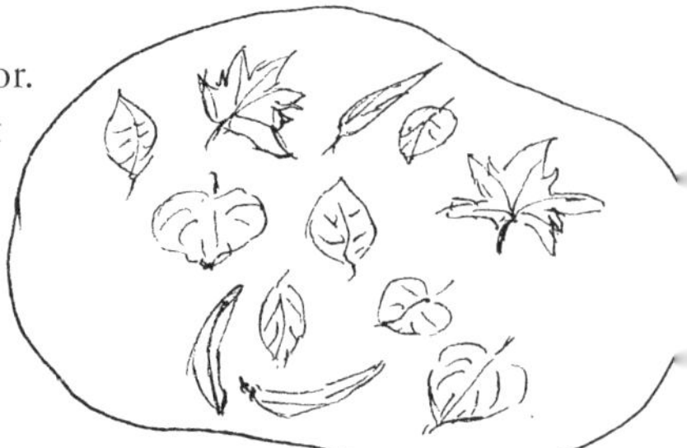

Blätterschmuck

Wenn wir uns mit Blättern schmücken wollen, suchen wir uns schön gefärbte mit langen, festen Stielen aus. Wir knipsen die Stiele ab und stecken die Blätter mit den Stielen zusammen. Wir verbinden sie zu Ketten, Hüten, Gürteln, Kronen oder sogar Kleidern (für sehr Geduldige).

Blätterkränze

Aus den bunten Herbstblättern binden wir uns einen Tisch- oder Türkranz. Als Unterkranz nehmen wir einen fertigen Strohkranz oder winden uns aus Hasel- oder Weidenruten selbst einen Ring. Darauf legen wir kleine Blätterbüschel und wickeln sie mit Blumendraht fest. Die bunte Mischung an Farben und Formen macht den besonderen Reiz dieses Herbstkranzes aus.
Eine einfache, sehr eigenwillige, wilde Variante zum Blätterkranz sind Kränze aus gewundenen Kletterpflanzen wie Efeu, Hopfen oder Knöterich. Wir finden diese Pflanzen oft in großen Mengen und können damit dekorative Kränze binden. Meistens reicht es, die Ranken zu einem Kranz zu winden, wir können aber auch noch andere Schätze mit einbinden. Auch die ungleichmäßig gewundenen Kränze der Kinder sind sehr schön.

Blätterkunst

Wir können nicht nur uns selbst mit Blättern schmücken, sondern auch die Bäume mit Schärpen, Streifen oder Spiralen verzieren, bunte Schlangen auf dem Waldboden verstecken oder im nahen Tümpel farbige Teppiche schwimmen lassen. Mit solchen Projekten treten wir in die Fußstapfen von „Land-Art"-Künstlern wie z.B. Andy Goldsworthy, die versuchen, dem, was in der Natur vorhanden ist, eine neue Ordnung zu geben und es damit von der Umgebung abzuheben, es zur Kunst zu machen.

Blattcollagen

Wunderbare Fantasietiere, Fabelwesen und Landschaften lassen wir entstehen, indem wir die gesammelten Blätter auf große Papiere aufkleben. Wenn die Blätter trocknen, wellen und biegen sie sich, die Bilder werden dreidimensional und bewegen sich.
Schöne Blätter, die wir in dicken Büchern (Telefonbuch) oder in der Blumenpresse pressen, verarbeiten wir im Herbst oder Winter zu Fantasielandschaften. Wir fangen mit dem Hintergrund an, kleben die ausgesuchten Blätter auf ein festes Papier und arbeiten uns langsam in den Vordergrund. Diese Arbeit ist besonders für ältere Kinder und diejenigen unter den Eltern interessant, die größeren Wert auf die ästhetische Gestaltung legen.
Beide Variationen haben ihren eigenen Reiz. Die erste können wir ganz spontan und sogar an Ort und Stelle ausführen, bei der zweiten können wir überlegt gestalten und richtige kleine Kunstwerke erschaffen.

Druck- und Schablonentechniken

Gesammelte Blätter können wir zu Hause oder in der Kindergruppe auch als Schablone oder Druckstock benutzen.
Bei der Schablonentechnik legen wir ein Blatt auf das Papier und streichen mit einem Pinsel Wasserfarbe über den Blattrand nach außen oder spritzen mit einem Sieb und einer alten Zahnbürste Wasserfarbe darüber. Wenn wir das Blatt abnehmen, erscheint seine Negativform. Durch das Auflegen und Überspritzen von immer neuen Blättern entstehen interessante Bilder.
Bei der Drucktechnik streichen wir das Blatt mit Wasserfarbe ein und drucken es auf dem Papier ab. Das gleiche können wir mit Stofffarben auf einfachen Stoffen, Einkaufstaschen oder auch T-Shirts machen.

! Info

Stoffdruck für Fortgeschrittene

Mit etwas Übung lassen sich mit dieser Technik auch wunderschöne Tischdecken gestalten. Blätterdruck auf einer Leinentischdecke Ton in Ton oder in den Herbstfarben ist schnell gemacht und hat eine tolle Wirkung. Bei der Behandlung der Stofffarben unbedingt die jeweiligen Angaben beachten.

Blattrubbelbilder

Wir legen Blätter mit der Unterseite nach oben unter ein Papier und malen mit der Breitseite der Wachsmalblöcke darüber, es entstehen richtige Zauber-Blatt-Bilder!

Netzblätter

Die feinen Adern, die wir bei den Rubbelbildern sichtbar gemacht haben, können wir auch ganz frei legen. Wir trocknen uns dazu schön gemaserte Blätter, legen sie zwischen zwei Papiere und klopfen mit einer Bürste obendrauf. Das Adergeflecht bleibt erhalten, während der Rest zu Staub zerfällt. Auch diese Netzblätter können wir wieder zu Bildern verarbeiten.

Samen

Auf unseren Sammeltouren können wir auch viele verschiedene Samen finden. Dazu gehören: Grassamen, Getreidekörner, Blumensamen, die Früchte und Samen der Büsche und Bäume wie Nüsse, Kastanien, Eicheln, Bucheckern, aber auch Fichtensamen, Apfel-, Kirsch- und Kürbiskerne sowie die Samen, die sich in den Beeren, z. B. in Vogel- und Holunderbeeren verstecken.

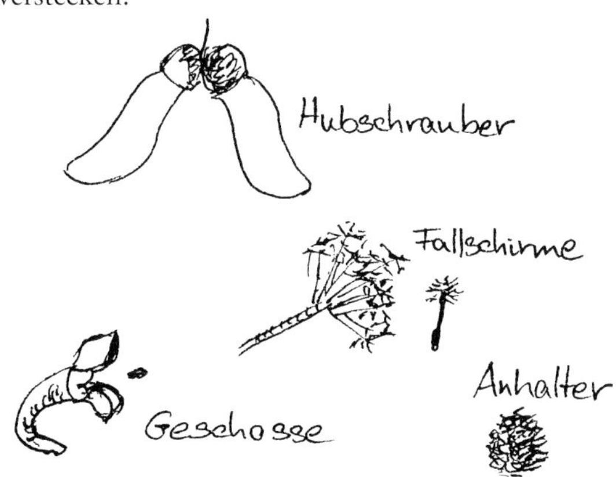

Die Verbreitung der Samen

Wenn wir mit den Samen experimentieren und sie beobachten, erfahren wir sehr schnell, wie sich die unterschiedlichen Arten verbreiten. Zu Hause oder im Kindergarten können wir den Flug der Samen spielend nachvollziehen.

Die Hubschrauber:
Ahorn, Esche, Fichte, Linde und Hainbuche haben Samen mit Propellerflügeln, die durch die Luft wirbeln und sich vom Wind sehr weit tragen lassen. Wir versuchen selbst, so einen Hubschrauber nachzubauen. Dazu brauchen wir Papier und eine Büroklammer. Wir übernehmen die Maße aus der Skizze, schneiden das Papier entlang der durchgezogenen Linien aus und falten es entlang der gestrichelten Linien in der Reihenfolge A, B und C, dann falten wir einen der Propellerflügel nach hinten und einen nach vorne. Achtung: Der Testflug erfolgt immer von weit oben! Alternativversuch: Was verändert sich, wenn man am unteren Ende eine Büroklammer befestigt?

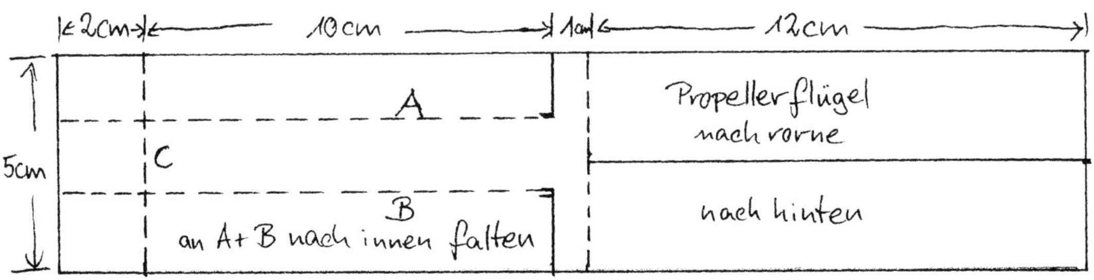

Die Fallschirme:
Löwenzahn, Bocksbart, Distel und Weidenröschen schweben kreiselnd durch die Luft und bohren sich am Landeplatz in die weiche Erde.
Die Geschosse:
Springkraut, Veilchen, Wicke, Ginster und Storchschnabel werden, wenn sie reif sind, von der Pflanze in die Luft geschleudert, um sich an neuer Stelle zu entwickeln.

Die Anhalter:
Die Samen von Klette, Odermenning oder Labkraut sind mit Widerhaken und Borsten ausgestattet. Sie heften sich an das Fell der vorüberstreifenden Tiere oder an unsere Kleidung und werden so über weite Strecken transportiert, bevor sie abgestreift werden und neu keimen.

Die Beerensamen:
Samen von Vogelbeerbaum, Holunder, Heckenrose (Hagebutte), Brombeeren und anderen Beerenfrüchten werden von Vögeln gefressen und an weit entfernten Plätzen unverdaut wieder ausgeschieden, ebenso werden Wildäpfel und -birnen verbreitet.

Die Mistel:
Mistelsamen werden von Vögeln, besonders den Misteldrosseln, von Wipfel zu Wipfel verbreitet. Die Beeren kleben so fest an den Schnäbeln, dass sie nur durch kräftiges Schnabelwetzen an Zweigen und Rinde wieder entfernt werden können. Die Rinde wird dabei verletzt, der Same setzt sich fest und es wächst an dieser Stelle eine neue Mistel.

Die Versteckten:
Viele Tiere, z. B. Eichhörnchen, Mäuse oder Eichelhäher legen sich Wintervorräte mit Eicheln, Bucheckern und Nüssen an. Die Vorräte, die sie nicht aufbrauchen oder nicht mehr finden, fangen im Frühjahr im Versteck an zu keimen.

Experimente mit Samen

Wenn wir alle diese Mechanismen ausprobieren, haben wir viel zu tun:

- Wir klettern auf Bäume und testen, welcher Same weiter, länger oder schneller fliegt.
- Wir spielen Wind und versuchen, die Samen durch die Luft zu pusten.
- Wir haben Kletten und andere Samen an den Kleidern kleben, bewerfen uns damit, laufen wie die Tiere durchs Gestrüpp und versuchen, sie wieder abzustreifen.
- Wir spielen Vögel, picken an Brombeeren und Himbeeren oder wir essen Äpfel mit dem Kerngehäuse und spucken die Samen an anderer Stelle wieder aus.

Wir selbst können natürlich auch etwas für die weitere Verbreitung der Wildpflanzen tun: wenn wir Wildfrüchte und Samen ernten, dürfen wir niemals alle mitnehmen! Wir müssen immer etwas für die natürliche Verbreitung an Ort und Stelle zurücklassen.
Ob das Samenkorn nun fliegt oder schwimmt, ob es im Fell oder von einer Ameise fortgetragen oder von der Samenschleuder in die Luft geschossen

wird – es ist sehr kostbar, denn es sichert unserer Erde das immer wiederkehrende grüne Pflanzenkleid.

Samen erforschen

Unter der Lupe schauen wir uns die Samen genau an. Wir entdecken die feinen Widerhaken, mit denen sich manche festhängen, wir bewundern die Konstruktion eines Fallschirmsamens, dessen Härchen so dicht und fein sind, dass er weit durch die Luft schweben kann. Wir können sie auch in einen Glasdiarahmen legen und groß an die Wand projizieren.

Samen sammeln

Für unsere Werkaktionen im Winter sollten wir jetzt im Herbst vorsorgen und uns wie die Eichhörnchen einen großen Samenvorrat anlegen. Ganz besonders wichtig ist es, über das ganze Jahr Samen für die Winterfütterung der Vögel zu sammeln. Wir brauchen dazu alle Arten von Körnern und Kernen: Getreidekörner, vor allem Hafer, Sonnenblumen-, Apfel-, Kürbis- und Melonenkerne, verschiedene Nüsse, Bucheckern ...; auch Vogel- oder Holunderbeeren können wir dafür trocknen.

Samenketten

Unsere gesammelten Samen lassen sich auch zu Samenketten auffädeln und als Schmuck ans Fenster hängen.

Wildfrüchte

Holunder, Schlehe, Hagebutte

Den Kindern macht es immer sehr großen Spaß zu kochen und aus den gesammelten Früchten kleine Köstlichkeiten herzustellen. Aus Holunder und Schlehe stellen wir z.B. leckere und vor allem gesunde, vitaminhaltige Säfte her.

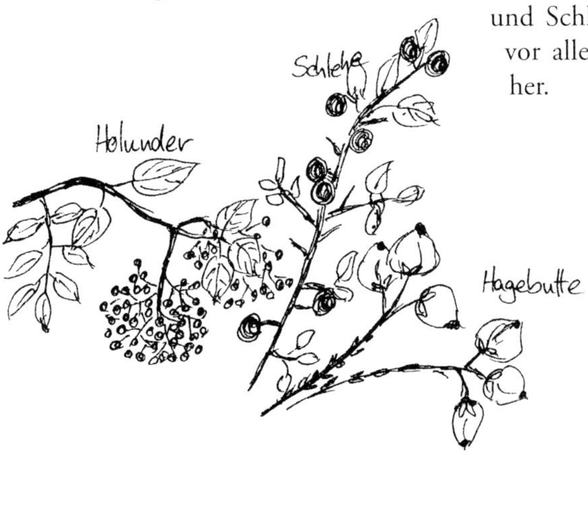

Die Heilwirkung von Holunder, Schlehe, Hagebutte

Info

Holunder wirkt sehr schweißtreibend, es wird empfohlen, bei grippalen Infekten täglich ein Stamperl reinen Muttersaft (kalt gepresst) angewärmt und evtl. mit etwas Honig gesüßt zu trinken. Sonst wird er verdünnt oder mit anderen Säften (Apfelsaft) gemischt kalt getrunken oder warm als Holunderpunsch serviert. Die Kerne in den Beeren sind schwach giftig und dürfen nicht mitgegessen werden.
Schlehen haben einen sehr hohen Vitamin C-Gehalt. Wenn wir sie nach den ersten Frösten ernten, sind sie milder im Geschmack. Im Volksglauben schützen sie vor Fieber, Gicht und Gelbsucht.
Die Hagebutte ist die Vitamin C-reichste Frucht. Man kann sie zu Tee, Marmelade und Saft verarbeiten. Dazu müssen die Haare und Kerne entfernt werden (Juckpulver), nur die Scheinfrucht wird verwendet.

Holundersaft

Beeren (mit Stiel) im Dampfentsafter entsaften oder knapp mit Wasser bedeckt aufkochen, bis der Saft austritt, dann abseihen. Zum Trinken beliebig verdünnen, mit Honig süßen, mit Zimt und Nelken würzen und am besten leicht anwärmen. Man kann ihn auch als Hollersuppe mit Apfel- oder Birnenstücken aufkochen und frisch geröstete Semmelwürfel hineingeben. Besonders gesund, aber aufwändiger in der Herstellung ist kalt gepresster Hollersaft. Hierzu werden die Beeren abgezupft, kalt ausgepresst und vor dem Abfüllen kurz sterilisiert (auf 80° C erhitzen).

Holundergelee

Holundersaft lässt sich mit Gelierzucker zu einem wunderbaren Brotaufstrich aufkochen.

Schlehensaft

Die Schlehen kochen wir unzerkleinert mit Wasser bedeckt und mit etwas Zimt gewürzt an drei aufeinanderfolgenden Tagen jeweils kurz auf und lassen sie zwischendurch in Ruhe ziehen. Den Saft gießen wir ab und trinken ihn gut mit Honig gesüßt.

Hagebuttenmarmelade

Hagebutten entkernen, Haare entfernen, gut waschen und in etwa ¼ l Wasser pro 800 g Hagebutten aufkochen; die Masse durchpassieren und das Mark mit 400 g Zucker mischen, noch einmal aufkochen und heiß in Gläser füllen. Auch in der Kombination mit Birne oder Quitte schmeckt die Marmelade hervorragend.

Hagebuttenzwerge

Hagebutten können wir bei Basteleien mit Naturmaterial sehr vielseitig einsetzen. Sie dienen als Augen, als Köpfe oder als ganze Figuren. Besonders lustig sind die Hagebuttenzwerge. Auf schöne große Hagebutten malen wir mit Filzstift zwei Augen und einen Mund, wir setzen dem kleinen Kopf noch einen Eichel-, Buchecker- oder Filzhut auf und setzen ihn vorsichtig in eine Gabel eines schön verzweigten dürren Astes. Wenn noch mehr Zwerge dazukommen, bauen wir ihnen Leitern aus kleinen Zweigen und Fäden oder sogar ein Baumhaus, in dem sie sich gegenseitig besuchen können. Der Zwergenbaum steht gut, wenn wir ihn in einen Klumpen Lehm stecken.

Während wir mit Hagebutten basteln, können wir zusammen das Lied „Ein Männlein steht im Walde" singen.

Zapfen

Wir sammeln Zapfen von Fichten, Tannen, Lärchen, Kiefern, Erlen, Pinien (im Urlaub) und untersuchen sie genau:

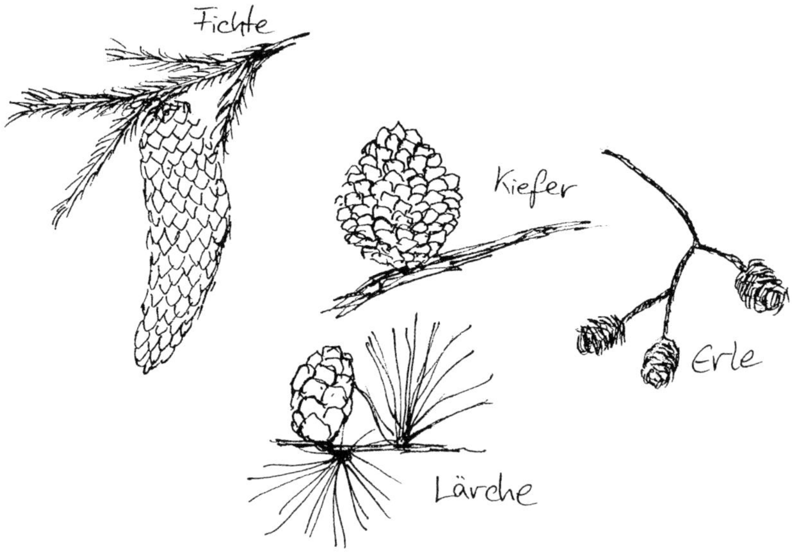

- Wo sitzen die Samen?
- Wie öffnen sich die Schuppen, unter denen sie verborgen sind?
- Wie fliegen die Samen?

- Wir machen Versuche mit unterschiedlicher Luftfeuchtigkeit:
  Wir legen einen Zapfen vor das Fenster und beobachten wie er sich je nach Wetterlage verändert.
  Wir legen die Zapfen auf die Heizung, sobald sie trocken sind, öffnen sich die Schuppen und die Samen fallen heraus.
  Wir wickeln die Zapfen in ein feuchtes Tuch und sind gespannt, ob sie sich wieder schließen.
- Aus Zapfen können wir lustige Figuren, Zwerge und Tiere zaubern. Mit Fantasie, anderem Naturmaterial, Moos und Wolle entstehen die tollsten Waldgeister.
- Aus Erlenzapfen basteln wir uns die letzten Bienchen: wir wickeln feine, gelbe Wollfäden um den Zapfen und kleben kleine Flügel aus Seidenpapier daran.

Sicher haben wir noch genügend Zapfen übrig, um uns im Zielwerfen zu üben und alle anderen Zapfenspiele zu machen, die wir schon im Wald ausprobiert haben *(siehe Seite 35)*.

Wetterzapfen

Info

Kiefernzapfen wurden früher als Wetterzapfen bezeichnet. Sie können bei Trockenheit ihre Schuppen auseinander spreizen und bei Feuchtigkeit wieder langsam schließen. Bei Nässe ist der Zapfen wieder vollständig geschlossen. Auch alle anderen Zapfen öffnen sich nur bei Trockenheit. Das ist ein wunderbarer Trick der Natur, denn wenn sich die Zapfen bei Regenwetter öffnen würden, könnten die herausfallenden Samen nicht vom Wind verweht werden, die Bäume könnten sich nicht verbreiten.

Kleine Zapfenkunde

Info

Fichte: Die Zapfen sind einjährig, sie hängen an den Zweigen, verlieren im Spätherbst die Samen und fallen als Ganzes ab; Fruchtbildung alle 3 bis 8 Jahre.
Tanne: Die Zapfen sind einjährig, stehen auf den Zweigen, die Schuppen fallen einzeln ab, die Spindel bleibt am Baum. Man findet also niemals Tannenzapfen am Boden; Fruchtbildung alle 2 bis 6 Jahre.
Kiefer: Die Zapfen sind dreijährig, sie hängen und fallen als Ganzes ab; Fruchtbildung alle 2 bis 6 Jahre.

Lärche: Die Zapfen sind klein und rund, sie fallen als Ganzes ab; Fruchtbildung alle 3 bis 5 Jahre.
Erle: Die Samen in den Zapfen reifen über den Winter und fallen im Frühjahr aus, die leeren Zäpfchen bleiben noch lange an den Bäumen hängen; Fruchtbildung jedes Jahr.

Kastanien

Stachlig bin ich wie ein Igel,
ei, sieht das nicht lustig aus?

Info

Spielerische Fußgymnastik mit Kastanien
Besonders geeignet sind sie für das Training der Füße. Das Laufen auf Kastanien mit nackten Füßen, das Hochheben und Weitergeben mit den Füßen oder Zehen, das Vorwärtsrollen stärkt schwache Füße, massiert die Fußreflexzonen und hilft bei X-Beinen, O-Beinen, Senk- und Spreizfüßen. Das Spielen mit Kastanien regt auch die Reflexzonen in den Händen an.

Kastanien sind ein besonders schönes Spielmaterial, das im Herbst in Hülle und Fülle vorhanden ist.

- Sie fühlen sich so schön glatt an, sie sind „Handschmeichler".
- Wir streicheln uns damit gegenseitig im Gesicht.
- Wir füllen eine große Wanne oder ein Plantschbecken mit Kastanien und laufen darin herum (Fußmassage).
- Wir legen uns ins „Kastanienbett" und nehmen ein „Kastanienbad" (Ganzkörpermassage).
- Wir spielen Fußball.
- Wir bauen uns aus Pappröhren eine Kugelbahn.
- Wir bohren Löcher durch die Kastanien und fädeln sie zu langen Ketten auf.
- Die Ketten werden zu Schlangen, mit denen wir durch den Raum rennen oder die wir im Freien werfen.
- Wir bohren ein Loch in eine Kastanie, stecken Federn hinein und haben tolle Kastanienflieger oder -hopser.

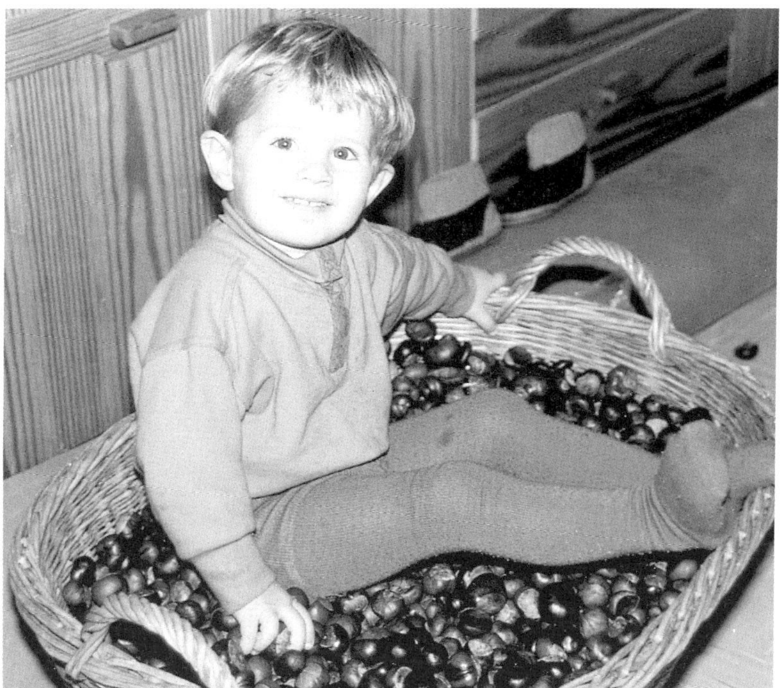

- Aus Kastanien und ihren Hüllen können wir auch viele Fantasietiere herstellen.
- Für Kastanienpüppchen suchen wir uns eine Kastanie mit einem schönen hellen Fleck, malen ein Gesicht darauf und kleben Wollreste als Haare an die Kastanie. Diesen Kopf stecken wir auf ein Holzstäbchen, das ein Kleid aus einem Stoffrest bekommt. Jetzt können wir Theater spielen.
- Kastaniengeister mit einem aufgemalten Gesicht und einem Taschentuch oder Stoffstück als Kittel schwirren durch die Luft. Der Stoff wird einfach durch ein Loch in der Kastanie gezogen.
- Wir spielen „Kastanie, Kastanie du musst wandern“ nach dem Lied „Taler, Taler, du musst wandern“.

Kardenblüten

Das Werken mit Kardenblüten ist eine etwas stachelige Angelegenheit, deswegen verwandeln wir sie gleich in einen Igel. Dazu schneiden wir die abgetrocknete Blüte mit einem kurzen Stiel ab und entfernen den unteren Ring mit stachligen Blättern. Die Unterseite flachen wir etwas ab, damit der Igel gut stehen kann. Für die Igelschnauze stecken wir eine schwarze Stecknadel in den kurzen Stiel, rechts und links darüber zwei für die Augen. Fertig ist der Igel, der auch gerne noch mehrere Familienmitglieder um sich schart.

Auch eine Spinne können wir schnell herstellen. Wir schneiden den Stiel ganz ab und trennen den untersten Stachelring von der Karde ab – dieser sieht aus wie eine Spinne!

Nüsse

Rätsel

Es hat eine harte Schale
der Kern schmeckt süß und fein
ihr knackt es alle gerne
was kann denn das bloß sein?

Eine leckere Bastelstunde haben wir, wenn wir mit Nüssen arbeiten. Allerdings: Leider reagieren immer mehr Menschen allergisch auf Nüsse, besonders die Haselnuss kann gefährlich sein! Haben wir allergische Kinder in der Gruppe, sollten wir nur mit den Nussschalen arbeiten oder wir müssen sehr gut aufpassen, dass allergische Kinder die Früchte nicht essen.
Wir knacken verschiedene Nüsse und sprechen knackige Sprüche dazu.

Kleine Nussknacker knacken knackig,
knackiger knacken große Nussknacker.

Klicker, klacker, klicker, klacker,
knacke Nüsse, knacke wacker.
Klacker, klicker, klacker, klicker,
meine Nuss ist noch viel dicker.
Klicker, klacker, Kluckernuss,
offen ist die schöne Nuss!

Gaumenfreude und Augenschmaus

- Zuerst kosten wir die verschiedenen frischen Nüsse.
- Walnüsse schmecken besonders gut, wenn wir das dünne, etwas bittere Häutchen abziehen. Sie sind glatt, fein, fest und doch weich und süß.
- Auch die frischen Haselnüsse haben einen ganz besonders feinen Geschmack.
- Die Walnussschalenhälften funktionieren wir zu kleinen Schiffchen oder Schalen um.
- Wir lassen Wachs von einer Kerze hineintropfen, stecken einen kleinen Docht hinein, zünden ihn an und lassen die Kerzenschiffchen in einer Schüssel oder am Bach schwimmen.

- Wir kleben an Walnussschalenhälften Bart, Ohren und Schwanz an und malen schwarze Äuglein auf, die kleinen Nussmäuschen huschen durch den Raum und knabbern an der Brotzeit.
- Auch kleine Marienkäfer krabbeln schnell über den Tisch. Die Kinder malen die Punkte auf eine Walnussschalenhälfte, schneiden aus schwarzem Tonpapier den Körper mit sechs Beinen, Kopf und Fühlern aus und kleben ihn darunter.
- Unsere Tiere kommen gleich zum Einsatz, wenn wir dazu passende Gedichte sprechen oder Lieder singen.

In unserm Häuschen
sind schrecklich viel Mäuschen.
Sie pfeifen und rappeln,
sie tippeln und trappeln
in Kisten und Schränken,
auf Tischen und Bänken.
Sie stehlen und naschen
und willst du sie haschen –
husch, sind sie fort!

In diesem Haus
lebt eine Maus
und hier läuft sie heraus.

Instrumente aus Walnussschalen

Wir machen uns Walnussklappern, indem wir zwei Walnussschalenhälften auf einen Papierstreifen aufkleben, den wir in der Mitte falten (Kastagnetten).

Für eine Walnusstrommel brauchen wir einen starken Zwirn, den wir mehrmals um eine Walnussschalenhälfte wickeln und unten festknoten. Mit einem etwa 2 cm langen Hölzchen spannen wir den Faden, indem wir es zwischen die Fäden stecken und drehen. Mit einem längeren zugespitzten Stöckchen ersetzen wir das Spannholz. Die Trommel ist fertig.

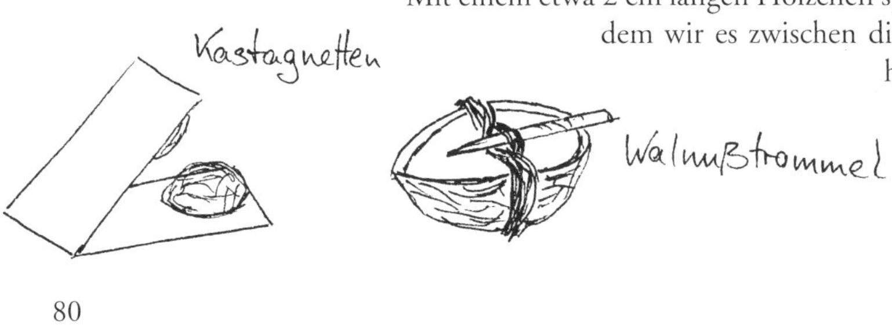

Nusskegeln

Zum Kegeln legen wir Walnüsse oder Haselnüsse in einer langen Reihe im Abstand von ungefähr 2 cm nebeneinander. Die Mitspieler knien sich in zwei Metern Entfernung nieder und versuchen, die Nusskegel mit rollenden Nüssen zu treffen. Jede getroffene Nuss darf der Spieler behalten. Die Nüsse, die ihr Ziel verfehlt haben, bleiben liegen und sind jetzt auch Ziel!

Springnüsse

Wir schneiden eine runde Pappe mit einem Durchmesser von 20 cm aus, legen sie auf den Boden und belegen sie ganz dicht mit Nüssen. Alle Mitspieler bekommen fünf Nüsse und stellen sich um die Pappe. Einer nach dem anderen lässt eine Nuss aus Schulterhöhe herunterfallen. Die Nüsse, die dabei aus dem Kreis springen, darf der Mitspieler behalten.

Adventskalender aus Nüssen

Adventskalender gibt es in vielen Varianten zu kaufen, schöner sind immer selbst gemachte!
Nusskette mit Edelsteinen: Wir knacken 24 schöne Walnüsse so, dass die Hälften ganz bleiben, legen in jede einen kleinen Edelstein und kleben alle 24 Nüsse mit einer Goldschnur oder einem schönen Band dazwischen wieder zusammen. Die Kinder können jeden Tag eine Nuss abschneiden und knacken. Die kleinen Edelsteine können z. B. in der Krippenlandschaft den Weg markieren.
Rätselkette: Auf ein breites Band kleben wir 24 große, mit Rätseln gefüllte Walnusshälften. Das Alter der Kinder bestimmt den Schwierigkeitsgrad der Rätselfragen. Viel Spaß macht es, wenn die ganze Gruppe oder Familie beim Raten zusammenhilft. Die Auflösung erscheint jeweils am nächsten Tag zusammen mit einem neuen Rätsel.

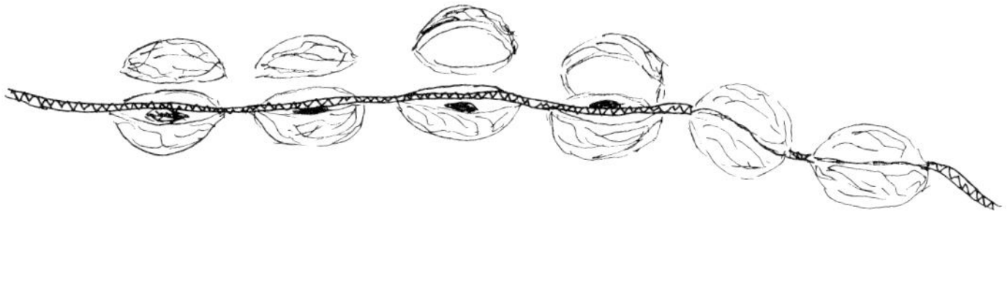

Ging ein Weiblein Nüsse schütteln

Volksweise aus Masuren

2. Ging ein Weiblein Himbeer'n pflücken, Himbeer'n pflücken, Himbeer'n pflücken,
riss dabei den Rock in Stücken, Rock in Stücken, rums!

3. Hat nicht bloß den Rock zerrissen, Rock zerrissen, Rock zerrissen,
wird die Schuh auch flicken müssen, flicken müssen, rums!

Nusssäcklein – ein Gedicht zum Knacken

Wer will mir mit seinen Backen
Dreiunddreißig Nüsse knacken?
Beißt nur, dass die Schale kracht,
doch nehmt auch den Kern in Acht! –

Welcher Kopf hat keine Nase,
welche Stadt hat keine Straße,

welcher Laden keine Türe,
welches Netz hat keine Schnüre,

welcher Flügel hat keine Feder,
welche Mühle hat keine Räder,

welcher Mantel hat keinen Kragen,
welcher Bauer hat keinen Wagen,

welches Wasser hat keine Quelle,
welcher Schneider hat keine Elle,

welcher Hut hat keinen Rand,
welcher König hat kein Land,

welche Nadel hat kein Öhr,
welche Mühle hat kein Wehr,

welches Pferd hat keinen Huf,
welcher Hahn hat keinen Ruf,

welches Pflaster hat keinen Stein,
welcher Stern hat keinen Schein,

welches Schiff hat keinen Mast,
welcher Baum hat keinen Ast,

welches Fass hat keinen Spund,
welches Haus hat keinen Grund,

welcher Mann hat keine Frau,
welcher Fuchs hat keinen Bau,

welcher Schimmel hat keinen Stall,
welche Büchs` gibt keinen Knall,
welche Glocke keinen Schall,

welcher Acker trägt kein Getreid',
welche Jungfer trägt kein Geschmeid',

welcher Mann hat nie ein Kleid? –
So, nun packt und knackt gescheit!

Friedrich Güll

Holzhacker und Nussknacker

2. Wir sitzen am warmen Ofen
und naschen die süßen Kern,
die Holzhacker müssen hacken,
die Nussknacker müssen knacken,
denn das mögen wir gern.

3. Und gehen wir dann zum Rodeln
und Eislaufen auch hinaus,
die Holzhacker müssen hacken,
die Nussknacker müssen knacken
und es bleibt warm im Haus.

Äpfel

Erlebnisturnen
Apfelernte

Die Eltern oder einige der Kinder stehen als Bäume im Raum, die übrigen Kinder schütteln die Bäume, die reifen Äpfel fallen herunter. Die Kinder spielen Äpfel und kullern über den Boden. Die restlichen Äpfel werden gepflückt: die Kinder klettern auf die „Bäume", manche brauchen dazu eine „Räuberleiter", und holen die Äpfel herunter. Alle zusammen klauben die einzelnen Äpfel in Körbe und tragen die Körbe auf den Köpfen nach Hause.

Fünf Finger stehen hier und fragen:
„Wer kann wohl den Apfel tragen?"
Der erste Finger kann es nicht,
der zweite sagt: „Zuviel Gewicht!"
Der dritte kann ihn
auch nicht heben,
der vierte schafft das nie im Leben!
Der fünfte Finger aber spricht:
„Ganz allein? –
So geht das nicht!"
Gemeinsam heben kurz darauf
fünf Finger diesen Apfel auf!

Der Apfel als Sinnbild des Lebens aber auch des Todes begegnet uns in Sagen, Mythen und Märchen. Ob in der Schöpfungsgeschichte, bei Schneewittchen oder bei Wilhelm Tell, der Apfel spielt eine zentrale Rolle. Er diente schon zu Urzeiten als Nahrungs- bzw. Heilmittel. An Waldrändern und in Wildhecken finden wir heute wieder unveredelte Holzapfelbäume. Wir kosten draußen von den sauer-herben Früchte und nehmen uns einige davon zum Werken und Vergleichen mit.

Rätsel

Im Häuschen mit fünf Stübchen,
da wohnen braune Bübchen.
Nicht Tür noch Tor führt ein und aus,
wer sie besucht, zerstört das Haus.

Den Apfel erforschen

- Wir schneiden einen Wildapfel und einen veredelten Apfel auf und betrachten die Unterschiede. Was sehen wir, wenn wir den Apfel quer bzw. längs aufschneiden?
- Wir kosten verschiedene Äpfel mit geschlossenen Augen, wie schmecken sie?
- Wir legen aus Stöcken, Blättern und Äpfeln einen Apfelbaum auf den Boden.
- Wir erzählen uns, was wir alles über den Apfel wissen.
- Wir schneiden Äpfel in Scheiben und fädeln sie zum Trocknen auf oder dörren sie im Backrohr (10 Stunden bei 50°), um sie im Winter zu verspeisen.
- Auch die Apfelkerne sammeln wir und fädeln sie zu einer Kette auf oder trocknen sie und verwahren sie als Vogelfutter für den Winter.
- Aus dem Fallobst kochen wir uns leckeres frisches Apfelmus oder Apfelkompott mit Zimt und Honig gewürzt. Dabei können auch schon die kleineren Kinder zum Äpfelschneiden angeleitet werden.

Info

Der gesunde Apfel

Äpfel enthalten sehr viele Vitamine, sie sind eine praktische Brotzeit, löschen den Durst und stillen den größten Hunger. Unter der Schale sind die meisten Vitamine, außerdem enthält sie ebenso wie das Kerngehäuse die Ballaststoffe, die für eine gute Verdauung notwendig sind. Wir sollten die Äpfel also möglichst ungeschält, aber gut gewaschen verzehren. Am besten sind sie aus dem eigenen Garten, von Freunden oder vom Biobauern.

Bratäpfel

Eine gesunde Leckerei sind im Herbst und Winter die Bratäpfel. Wir stechen das Kerngehäuse heraus und füllen das Loch mit einer Mischung aus gemahlenen Nüssen, Honig und etwas Butter; mit Rosinen oder Marmelade können wir etwas variieren. Die Äpfel setzen wir in eine Auflaufform und lassen sie etwa 20 Minuten im Ofen schmoren.

Info

Wie kommen die Würmer in den Apfel?

Ein kleiner Falter, das Weibchen des Apfelwicklers, setzt sich im Obstgarten auf eine Apfelblüte oder einen sich entwickelnden Apfel und legt die Eier in die Blüte oder auf die Schale. Liegen die Eier in der Blüte, dann entwickeln sich die Larven gleich im wachsenden Apfel, liegen die Eier auf der Schale, dann bohrt sich die geschlüpfte Larve ein Loch hinein und frisst sich durch das Fruchtfleisch bis zum Kerngehäuse. Dort frisst sie die Kerne. Der erwachsene Wurm bohrt sich im Herbst wieder aus dem Apfel heraus, seilt sich an einem Faden ab und verpuppt sich in einem flachen Gespinst unter lockerer Rinde oder in Rindenrissen. Die Puppe überwintert und im nächsten Frühjahr fliegt wieder ein kleiner Falter auf der Suche nach einer Apfelblüte durch den Garten. An den Löchern im Apfel kann man sehen, ob die Eier in die Blüte oder an die Schale gelegt wurden.

Besinnliches im Herbst

So wie die Natur im Herbst allmählich zur Ruhe kommt, sind auch wir empfänglich für Zeiten der Stille und Besinnung und können dies auch mit den Kindern zusammen erleben. Es ist z. B. ein schöner Brauch, jeden Ausflug, jeden Tag besinnlich abzuschließen, die Erlebnisse noch einmal an sich vorbeiziehen zu lassen und zu reflektieren.

Der Jahreszeitentisch

Eine stimmungsvolle Möglichkeit, die Rhythmen und Vorgänge in der Natur auch im Haus sichtbar zu machen und damit die Wahrnehmung dafür zu schulen, ist die fortlaufende Gestaltung eines Jahreszeitentisches. An einem festen, zentralen Platz im Haus schmücken wir einen Tisch, eine Kommode oder ein Fensterbrett mit den Farben, Formen, Pflanzen, Früchten, Tieren und anderen Gegenständen, die zur jeweiligen Jahreszeit gehören. Die Präsentation aller Elemente zeigt uns die Vielfalt und Einheit der Natur.

Der Jahreszeitentisch im Herbst (von Michaeli bis zur Wintersonnenwende) kann verschiedene Gesichter annehmen. Die zu dieser Zeit vorherrschenden Farben in der Natur wechseln von orange über helles und dunkles Rot bis zu den unterschiedlichen Brauntönen. Leuchtend bunt, wie das rot gefärbte Laub, gestalten wir am Herbstanfang auch den Jahreszeitentisch. Wir schmücken ihn und evtl. die dahinter liegende Wand mit farblich aufeinander abgestimmten Tüchern, stellen einen Strauß letzter Herbstblumen und verschiedene Herbstfrüchte dazu. Es passen Kürbisse und Äpfel oder auch Kastanien, bunte Blätter, Eicheln und Zapfen. Als Blickfang suchen wir uns eine schöne Wurzel. Auch unsere Werkstücke aus Naturmaterial wie Kastanientiere, Igel oder Spinnen aus Kardenblüten, Naturketten, Spinnennetze finden ihren Platz auf dem Jahreszeitentisch. Kleine Kinder freuen sich auch über selbstgestaltete Püppchen mit Drachen. Durch die mitgebrachten Fund- und Werkstücke verändert sich das Bild immer wieder und wir müssen darauf achten, dass der Tisch nicht zu voll wird.

Später im Herbst wechselt in der Natur die Farbe. Die bunten Blätter sind abgefallen und Brauntöne herrschen vor. Ein braunes Tuch und wenig bunte Dekoration drückt den Rückzug der Kräfte in der Natur aus. Im Mittelpunkt kann jetzt ein kahler, schön geformter Ast und eine selbstgestaltete Laterne stehen. Mit einfachen Holzstücken, Steinen und ein paar Edelsteinen verstärken wir den kargen Eindruck. Kleine geschnitzte oder genähte Zwerge passen in die neue Landschaft.
Anhand dieses Tisches, den auch die Kinder mit- und umgestalten können, erleben schon die Kleinsten die Veränderungen und Rhythmen im Jahreslauf. Sie erleben in ihrem kleinen geschützten Rahmen hautnah die kosmischen Zusammenhänge, in die sie selbst eingebunden sind.

Fantasiereisen

Die Bedeutung der Fantasiereisen

! Info

Fantasiereisen entführen uns in eine andere Welt, in eine Traumwelt, in der wir uns wohlfühlen, in der wir unsere Träume spüren können, in der wir aber auch Dinge des Alltags in einem anderen Licht sehen können. Alle Fantasiereisen müssen von der Gruppenleiterin bewusst geführt werden. Sie begleitet Kinder und Erwachsene durch Abenteuer und Entspannung und bringt sie wieder sanft zurück in die Realität. Es ist erstaunlich, wie unterschiedlich die Erlebnisse auf diesen Reisen sind. Es kann auch vorkommen, dass es einem Teilnehmer nicht gut geht, deshalb ist es wichtig, die Kinder während des Erzählens aufmerksam zu beobachten. Nachdem alle wieder von der Reise zurückgekehrt sind, sollte genügend Zeit für einen Austausch vorhanden sein.

Im Zwergenreich

„Schließe deine Augen und stelle dir vor, du sitzt vor einem Baum im Moos und ruhst dich aus. Du freust dich über den schönen Tag und denkst nach, was du heute schon alles im Wald erlebt hast.
Da kommt aus einer Höhle unter den Wurzeln des Baumes ein kleiner Zwerg heraus und lädt dich in sein Zwergenreich ein. Du bist natürlich neugierig, auch ein bisschen ängstlich, willigst aber ein, weil er dich ganz freundlich anschaut. Er nimmt dich an der Hand und du wirst im gleichen Moment kleiner und kleiner, so klein, dass du ihm unter seine Wurzel folgen kannst. Die Steine werden zu Felsen, die Wurzeln zu einem riesigen Dach, die Bäume unendlich groß. In die Felsen sind Stufen geschlagen, die ein Stück bergab führen. Der Weg endet in einer großen Höhle, an deren Wänden die Steine glitzern und funkeln.
Woran denkst du?
Aus einem Felsspalt gegenüber fällt Licht in die Höhle und beleuchtet sie. Es ist sehr gemütlich hier. Es gibt kleine Hocker aus Aststücken, ein großes einladendes Bett, das mit Heu und Tierhaaren weich gepolstert ist. Auf einer Seite stehen die Vorräte in Gefäßen aus Blättern: getrocknete Beeren, Nüsse, schmackhafte Wurzeln und Kräuter. In einem Winkel ist trockenes Holz gestapelt, daneben stehen zugespitzte bearbeitete Aststücke, die wie Werkzeug aussehen. Der Zwerg zeigt dir mit viel Geduld all seine Schätze, reicht dir einen Becher mit einem leckeren süßen Getränk und bietet dir auch eine Nuss an. Du fühlst dich willkommen, geborgen und aufgehoben und lauschst den Geschichten deines Gastgebers. Früher, wenn du im Wald warst, hast du immer wieder versucht, dir vorzustellen, wie es in einem Zwergenreich aussieht, jetzt bist du mittendrin und kannst dein Glück kaum fassen.
Als das Licht, das durch den Felsspalt hereinfällt, langsam weniger wird, zündet der Zwerg eine kleine Bienenwachskerze an und bringt dich wieder zum Ausgang zurück. Zum Abschied nimmt er dich bei der Hand und sagt, dass du ihn wieder besuchen darfst.
Du merkst, wie du wieder größer und größer wirst, bis du deine normale Größe erreicht hast. Du reckst dich und streckst dich in alle Richtungen und

reibst dir die Augen, bevor du sie aufmachst. Du spürst, wie groß und stark du bist und atmest mehrmals ganz tief durch.
Jetzt bist du wieder ganz da und kannst erzählen, wie es dir im Zwergenreich gefallen hat!"

Eine Ballonfahrt

„Alle dürfen die Augen schließen und auf eine Traumreise gehen: Wir stehen auf einer großen abgemähten Wiese, vor uns der Korb eines Heißluftballons. Einer nach dem anderen darf einsteigen, der Ballon füllt sich mit heißer Luft, wird größer und größer und hebt sich langsam über unsere Köpfe. Plötzlich, wir merken es kaum, heben wir vom Boden ab und steigen langsam in die Luft. Die Menschen, die uns vom Boden her zuwinken, werden kleiner und kleiner. Es ist ganz still, wir bewegen uns lautlos. Ein Vogel begleitet uns. Von dieser Höhe können wir weit über das Land schauen. Wir sehen die verschiedenen Farbflächen der Felder wie einen Flickenteppich unter uns liegen. Manche Felder sind schon abgeerntet, auf manchen steht noch der Mais oder das Getreide. Auf den Wiesen lassen die Kinder Drachen steigen, sie würden sie gerne bis zu uns herauf schicken. Hörst du, was sie uns zurufen? Unter uns schlängelt sich der kleine Fluss durch die Landschaft, das Wasser scheint sich nicht zu bewegen. Autos, Eisenbahn und auch die Kühe sind klein wie Spielzeug. Alles unter uns sieht aus wie eine Spielzeuglandschaft. Du würdest dich gerne noch über den nächsten Berg treiben lassen, um zu sehen, wie es dort aussieht, aber unsere Zeit in der Luft geht zu Ende. Wir haben viel gesehen, aus einem neuen Blickwinkel, aus der Sicht eines Vogels. Langsam sinkt der Ballon wieder zurück auf die Erde, wir müssen aufpassen, dass wir nicht im Wald oder im Wasser landen. Haltet euch gut fest, wir setzen gleich auf!
Glück gehabt, es war eine sanfte Landung. Ihr dürft langsam aufwachen, euch strecken, die Augen reiben und aus dem Ballon aussteigen."

Die Herbstfeste

Die Tag- und Nachtgleiche im Herbst und St. Michael

Wenn du aus dir verjagst
all Unruh und Getümmel,
so wirft Sankt Michael
den Drachen aus dem Himmel.

Angelus Silesius

Am 29. September, wenige Tage nach dem Herbstanfang, ist St. Michael. Heute wird dieser Tag nur noch selten begangen. Er kann aber in Verbindung mit der Tag- und Nachtgleiche wieder an Bedeutung gewinnen.

Info

Die Legende

Nach der Legende hat der Erzengel Michael mit seinem Lichtschwert den Drachen, das Böse, aus dem Himmel vertrieben. Im Mittelalter entstand daraus die Sage des Heiligen Georg, der die Königstochter aus den Fängen eines Untiers rettete. Es geht in dieser Zeit also darum, Mut und Tatkraft zu zeigen.

Die Tatkraft, eine Eígenschaft des St. Michael, können wir z. B. an einem gemeinsamen Arbeitstag auf unserem Kindergartengelände, auf einem Spielplatz oder auch in unserem Gruppenraum üben. Durch unser gemeinsames Tun setzen wir der stärker werdenden Dunkelheit eine positive Kraft entgegen, die uns durch die dunkle Jahreszeit begleiten kann.
Auch die Stärkung des Muts ist jetzt sehr wichtig, da die kürzer werdenden Tage unsere Stimmung oft sinken lassen. Wir setzen uns mit der Figur des Drachens auseinander, betrachten positive und negative Seiten, bauen uns selbst einen Drachen, der uns zur Seite stehen kann oder spielen Ritter- und Drachenspiele.

Es war einmal Drachen

Es war einmal ein Drachen fu
mit einem roten Rachen fu
sein Atem war aus Feuer fu
er war ein Ungeheuer fu
da kam ein stolzer Ritter fu
der poltert' wie Gewitter fu
er sucht' ihn sieben Stunden fu
und hat ihn nicht gefunden fu
der Drache, der war schlauer fu
da war der Ritter sauer fu
der Drache ist geblieben fu
hat Kinder Stücker sieben fu,fu,fu,fu,fu,fu,fu
ihr Atem war aus Feuer fu
sie waren ungeheuer fu
sie waren ungeheuer fu
und deshalb ist im ganzen Land fu
die Hühnersuppe angebrannt fu,fu,fu!

Fredrik Vahle

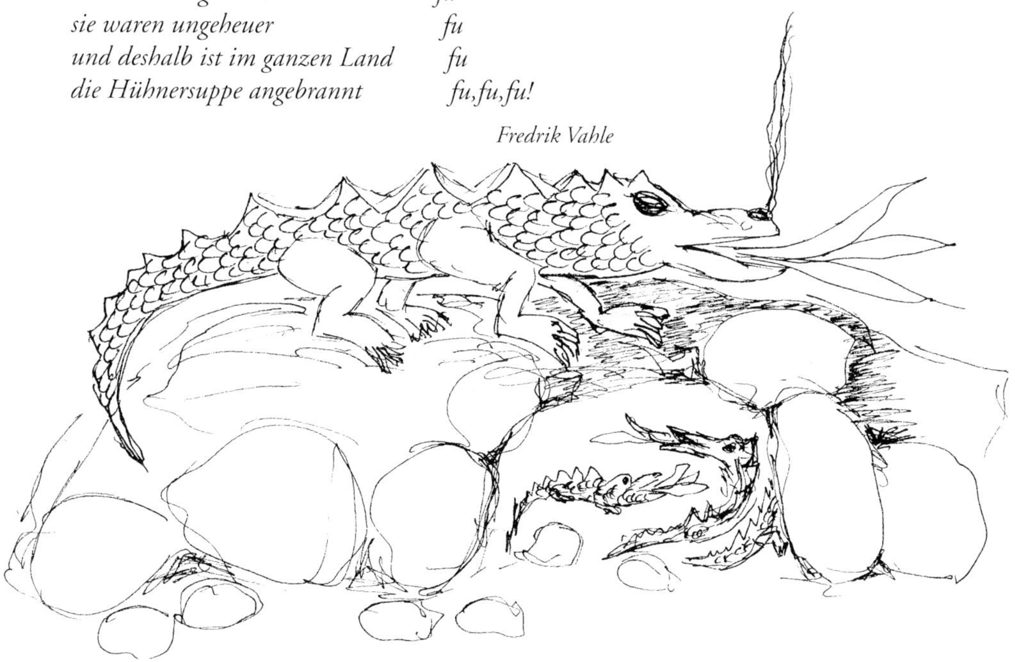

Erntedank

Info

Der Ursprung

Erntefeste wurden schon in vorchristlicher Zeit bei allen Ackerbau betreibenden Völkern gefeiert. Die Menschen opferten den Göttern der Fruchtbarkeit einen Teil ihrer Ernte, um den Segen für das nächste Jahr zu erbitten. Diese Opferfeste wurden in christlicher Zeit zu Dankesfesten. Auch das Jüdische Laubhüttenfest ist ein Dankfest nach der Weinernte.

Gott, der Schöpfer dieser Welt

Text und Musik: Susanne Brandt

2. Gott, der Schöpfer dieser Welt
schenkte jeder Blume Leben.
Alles …

3. Gott, der Schöpfer dieser Welt
schenkte jedem Baum das Leben.
Alles …

Das heutige Erntedankfest feiern wir am ersten Sonntag im Oktober. Wir wollen ein paar Möglichkeiten aufzeigen, dieses Fest in der Familie oder Kindergruppe zu begehen.

Früchte-Mandala

Zum gemeinsamen Erntedankfest in der Gruppe bringt jeder einen Korb mit gesammelten Feld-, Wald- und Gartenfrüchten mit. So kommen verschiedene Obst- und Gemüsesorten, Getreidebüschel, Wildfrüchte und Samen zusammen. Gemeinsam bestaunen wir die Köstlichkeiten und deren Farben- und Formenvielfalt. Auf einem niedrigen Tisch breiten wir ein großes Tuch in Herbstfarben aus und stellen uns in einem Kreis um den Tisch. Während wir das Lied „Gottes Gaben sind so wunderbar" singen und dabei immer die entsprechenden Strophen dichten, dürfen alle nacheinander ihre Schätze auf dem Tuch verteilen, so dass ein wunderschönes, farbenprächtiges Bild entsteht. Dieses Mandala können wir mehrere Tage stehen lassen, die Früchte nach und nach aufessen, kochen oder in den Werkaktionen verarbeiten.

Ein Erntekorb für die Tiere

Gemeinsam können wir einen großen Erntekorb für die Tiere zusammenstellen. Was fressen die Vögel, die Eichhörnchen, die Rehe, Hasen? Im Winter verfüttern wir ihnen die Leckereien!

Kürbisfest

Der Kürbis ist eine Herbstfrucht, mit der wir sehr schön feiern können. Um uns ganz mit dem Kürbis vertraut zu machen, versuchen wir die Erlebnisse eines Kürbis nachzuspielen.

Erlebnisturnen Kürbis

Alle versetzen sich in die Rolle eines Kürbiskerns und ruhen in der Erde (liegen zusammengerollt und verschlossen auf dem Boden, evtl. unter einer Decke). Die Erde erwärmt sich in der Frühlingssonne und nach und nach fangen die Kerne an zu keimen, die Schale platzt auf und eine kleine grüne Spitze schaut hervor. Der Keim treibt weiter und die ersten Blätter sprießen (alle strecken sich, breiten langsam die Arme aus). Es bilden sich lange Ranken, die über den Boden kriechen und sich mit anderen Kürbisranken kreuz und quer vernetzen. Langsam beginnen die Kürbisse zu wachsen, in der warmen Sonne werden sie immer größer und runder und größer und runder. Schließlich werden sie geerntet und vorsichtig über den Boden gerollt und ins Haus getragen. Manche Kürbisse sind so groß, dass man sie nur zu zweit tragen kann. Im Haus werden sie verarbeitet. Wir schneiden viele Grimassen und probieren, wie die ausgehöhlten Kürbisse ausschauen könnten.

Kürbissuppe, Kürbislicht

Entweder nehmen wir einen großen oder mehrere kleine Kürbisse und höhlen sie aus. Die Kerne holen wir heraus und legen sie zum Trocknen auf die Seite. Das faserig-weiche Innere können wir nicht brauchen. Von den festen Wänden schaben wir soviel Fleisch wie möglich weg und geben es in einen großen Topf. In den ausgehöhlten Kürbis schneiden wir ein lustiges Gesicht, stellen eine Kerze hinein und setzen ihm den abgeschnittenen Deckel wieder als Hut auf. Wenn wir die Kerze anzünden, passt das folgende Gedicht:

Finkel, fankel, funkel,
die ganze Welt ist dunkel,
da zünd' ich meinen Kürbis an,
damit ich besser sehen kann.
Finkel, fankel, funkel,
jetzt ist es nicht mehr dunkel.

Auf die Gefahr beim Anzünden von Streichhölzern, Kerzen oder Feuer machen wir mit folgendem Spruch aufmerksam:

Das Feuer fängt mit Funken an,
von Funken brennt ein Haus,
drum, wo ein Funke Schaden kann,
löscht ihn bei Zeiten aus.

Für die Kürbissuppe würfeln wir das Kürbisfleisch, gießen etwas Wasser darauf und würzen mit Gemüsebrühe, Muskat, Salz und Pfeffer. Nach einer kurzen Kochzeit zerstampfen wir das Gemüse oder pürieren es mit dem Zauberstab. Mit frischen Kräutern bestreut ist die Suppe nicht nur ein leckerer Anblick!
Variationen mit Kartoffeln, Karotten, Äpfeln oder Zwiebeln schmecken ebenfalls gut.

Kürbiskerne

Die Kürbiskerne lösen wir aus dem Fleisch, waschen sie gründlich und trocknen sie. Wir können sie auch mit etwas Salz im Ofen rösten, dann fühlen wir uns wie in Griechenland, wo man diese Köstlichkeit an jeder Straßenecke kaufen kann. Man knackt die Schale, indem man den Kern zwischen die Zähne klemmt und leicht daraufbeißt. Die Schale spucken wir aus, den inneren Kern essen wir.

Vom Korn zum Brot

Auch eine Brotbackaktion passt hervorragend in die Erntezeit. Brot ist eines der ältesten Hauptnahrungsmittel auf der Erde. Seit 6000 Jahren backen die Menschen auf sehr unterschiedliche Art ihr tägliches Brot. In manchen Ländern wird es auf heißen Steinen oder an Stöcken direkt am offenen Feuer oder über der Glut gebacken, das Getreide wird zwischen Steinen gemahlen und mit den Händen zu einem geschmeidigen Teig verarbeitet. Diesen mühsamen Weg wollen wir einmal mit allen Sinnen nachvollziehen und dabei nicht nur fühlen, riechen und schmecken, sondern uns bei der Arbeit bewegen, Reime sprechen, singen und uns in den Alltag unserer Vorfahren versetzen.

Der Bauer baut mit Müh' und Not
das Korn für unser täglich Brot.
Zum Müller wird das Korn gebracht
und weiches Mehl daraus gemacht.
Der Bäcker nimmt das Mehl ins Haus
und backt im Ofen Brot daraus.
Die Mutter streicht noch Butter drauf
und wir, wir essen alles auf.

- Zuerst holen wir die Weizen- oder Dinkelähren vom Feld und lassen sie gut trocknen.
- Wir untersuchen die Ähren und holen ein paar Körner heraus, die wir gleich probieren (gut kauen!).
- Wir stecken die Ähren in einen Sack und „dreschen" sie mit Stöcken im gleichmäßigen Takt aus.

Hört ihr die Drescher?
Sie dreschen im Takt:
Ticketack ticketack
Ticketack tack.

- Wir schütten die Körner auf den Tisch und trennen durch Blasen die Spreu vom Weizen.
- Wir versuchen, die Körner zwischen zwei Steinen zu zermahlen, und merken dabei, wie schwierig das ist.
- Wir probieren es mit einer Handmühle (trockenes Getreide verwenden!), auch das ist sehr anstrengend.

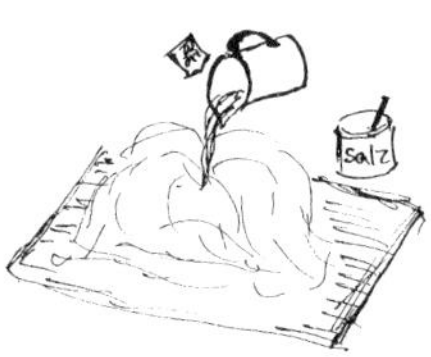

Die Mühle, die braucht Wind

überliefert

2. Aus Korn wird Mehl, aus Mehl wird Brot
   und Brot tut allen Menschen not.

3. Drum braucht die Mühle Wind, Wind, Wind,
   sonst geht sie nicht geschwind.

Brot backen

- Wir sind froh, dass wir eine elektrische Mühle zur Hand haben, mit der wir ausreichend Mehl mahlen können!
- Aus einem Teil des Mehls sieben wir die Kleie heraus und staunen, wie fein es dadurch wird.

Das fertige Mehl und Schrot geben wir in eine Schüssel, mischen es mit Trockenhefe und etwas Salz, gießen das Wasser dazu und verarbeiten es zu einem geschmeidigen Teig. Spätestens jetzt bekommt jeder sein eigenes Stück vom Teig und darf es fest kneten. Der Teig muss gut bearbeitet werden, bis er glatt ist und nicht mehr an den Händen klebt. Es kann natürlich auch von Anfang an jeder sein eigenes Mehlhäufchen mischen und verkneten.

Wer nicht tüchtig kneten kann,
ist kein rechter Bäckersmann.
Packe zu, spar keine Kraft,
durch und durch den Teig geschafft!
Hand und Arm und Finger drückt,
jeder Klumpen wird zerstückt.
Jedes Teil das andre fand,
mächtig fühlt das Mehl die Hand.
Greife fest und schaff' und schweig':
Gottes Segen wirk' im Teig!

Elisabeth Klein

Info

Arbeit, Rhythmus, Sprache
Diese intensive gemeinsame Arbeit kann die Gruppenleiterin mit passenden Sprüchen begleiten. Das rhythmische Sprechen erleichtert das Kneten und gleichzeitig wird das Sprachgefühl gefördert. Durch das gleichzeitige Sprechen und Arbeiten geht der Rhythmus auf den Körper über und einfache Sprüche werden schnell erlernt.

- Wenn der Teig richtig durchgeknetet ist, formen wir ihn zu Semmeln, Brezen, Zöpfen und anderen Figuren.
- Die Teile legen wir auf ein Backblech und lassen sie, abgedeckt mit einem Tuch, ein bisschen ruhen.
- Das Gebäck schieben wir bei 200° C in den vorgeheizten Ofen und lassen es etwa 20 Minuten backen.

Während der Backzeit spielen wir als Handklatschspiel „Backe, backe Kuchen".

Backe, backe, Kuchen,
der Bäcker hat gerufen.
Wer will guten Kuchen backen,
der muss haben sieben Sachen:
Eier und Schmalz,
Butter und Salz,
Milch und Mehl,

Safran macht den Kuchen gel.
Schieb, schieb in Ofen rein,
der Kuchen wird bald fertig sein.

Das frische Brot duftet im Ofen und wir wollen es gleich probieren. Mit etwas Butter schmeckt es besonders lecker. Achtung: nicht zuviel frisches Brot essen, da es Bauchweh verursachen kann!

Meine Mu, meine Mu, meine Mutter schickt mich her,
ob der Ku, ob der Ku, ob der Kuchen fertig wär.
Wenn er no, wenn er no, wenn er noch nicht fertig wär,
käm ich mo, käm ich mo, käm ich morgen wieder her.

Hefeteig für Brötchen oder Pizza

Zutaten für 20 Personen: 2 kg Mehl, 3 Päckchen Trockenhefe, ¼ l Wasser, Salz
Zusammen mit dem Salz verteilt man die Trockenhefe in einer Schüssel über dem Mehl und gibt nun nach und nach das Wasser dazu. Den Teig kneten, bis er sich von der Schüssel löst und dann zugedeckt einige Zeit ruhen lassen, bis er aufgegangen ist.
Dieser einfache Hefeteig eignet sich auch sehr gut für Pizza. Mit etwas Butter oder Olivenöl und Ei kann man ihn noch verfeinern. Für süße Brötchen kneten wir einfach etwas Honig in den Teig.

St. Martin, 11. November

Der hl. Martin

! Info

Der heilige Martin war im 4. Jahrhundert Bischof von Tours und für alle ein großes Vorbild der Nächstenliebe. Er half den Armen, wo es ihm möglich war, war aber selbst sehr bescheiden. Jeder kennt die Legende der Mantelteilung. Nach einem alten rheinischen Brauch feiern wir St. Martin mit einem Laternenfest.

Minilaternen

In den Tagen vor St. Martin bauen wir uns Laternen. Vor allem auch mit jüngeren Kindern einfach und schnell herzustellen, aber trotzdem sehr hübsch, sind Minilaternen.

Die Kinder bemalen einfaches Zeichenpapier mit heller Wasserfarbe und lassen es trocknen. Wir schneiden Streifen, die wir um die Aluhülse eines Teelichts kleben. Das Papier streichen wir mit einfachem Speiseöl ein, damit die Laternen besser leuchten. Zuletzt hängen wir ein oder mehrere Laternchen mit Draht an einen Zweig.

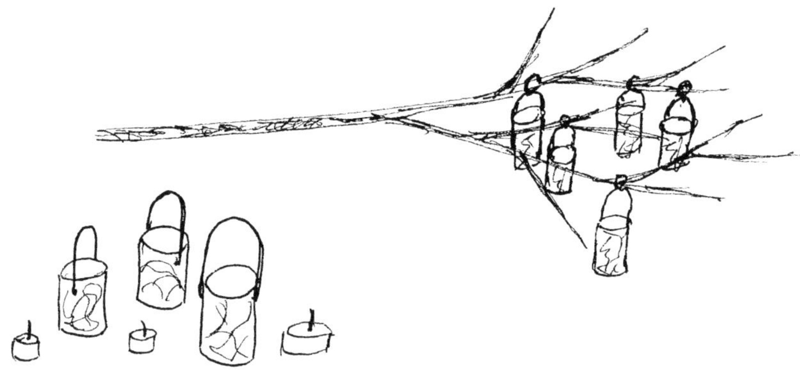

Martinsbrot

Aus süßem oder salzigem Hefeteig *(Rezept siehe Seite 101)* backen wir Martinsbrot in der Form von Gänsen, Schwertern, Männchen, Pferden oder anderen Dingen, die wir mit St. Martin in Verbindung bringen.

Martinszug

Für unseren Martinszug suchen wir uns einen schönen Park, ein nahes Waldstück oder einen Spielplatz. In der Dämmerung treffen sich dort die Familien möglichst mit beiden Eltern. An einem vorbereiteten Martinslicht (schöne Kerze) zünden wir mit Hilfe von hölzernen Schaschlikspießen unsere Laternen an. Dazu singen wir Martinslieder und teilen als Zeichen der Nächstenliebe unser Martinsbrot. Anschließend ziehen wir mit unseren leuchtenden Laternen singend durch die Straßen nach Hause.

Meine Laterne

Text und Musik: Ilse Jung

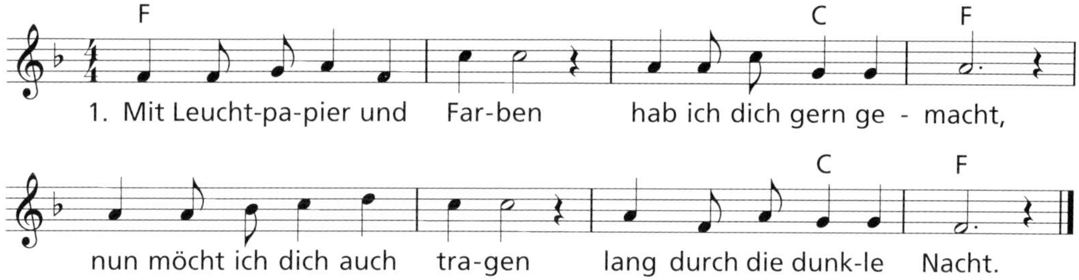

2. Du bist so hell wie Sterne,
wie Sonne und auch Mond.
Es soll dich jeder sehen
der in der Straße wohnt.

3. Der Wind, der lässt dich schweben
ganz leis und leicht vor mir,
was kann es Schönres geben,
die Füße folgen dir.

4. Du wärmst mit deinem Leuchten,
bis wir am Feuer stehn.
Ich nehm dich mit nach Hause,
möchte dich noch lange sehn.

5. Vielleicht hast du ein wenig
die Herzen froh gemacht,
so wie St. Martins Leben
hat vielen Mut gemacht.

Quellenverzeichnis

S. 15: Klippdiklapp und knickdiknack, Marianne Garff, aus: Marianne Garff, Es plaudert der Bach, © 1998 Pforte Verlag, Dornach.

S. 20: Ich sitze, ich sitze, Hedwig Diestel, aus: Kindertag, Gedichte für Kinder, © 1996 Verlag Freies Geistesleben & Urachthaus GmbH, Stuttgart.

S. 28: Eichhörnchen, Eichhörnchen, Marianne Garff, aus: Bühler, Scheine, Sonne scheine, Kinderverse und Gedichte für die ersten Schuljahre, Verlag Paul Haupt, Bern, Stuttgart, Wien 1992.

S. 40: Wie der Wind weht, Margrit Lobeck, aus: Bühler, Scheine, Sonne scheine, Kinderverse und Gedichte für die ersten Schuljahre, Verlag Paul Haupt, Bern, Stuttgart, Wien 1992.

S. 45: Wenn ich aus dem Fenster schau, Elisabeth Wagner, aus: Elisabeth Wagner, Felix, das pfiffige Eichhörnchen, © by Don Bosco, München 1998.

S. 51: Apfelstrudel, Elisabeth Wagner, aus: Elisabeth Wagner, Felix, das pfiffige Eichhörnchen, © by Don Bosco, München 1998.

S. 59: Am Berge stehen, Hedwig Diestel, aus: Hedwig Diestel, Verse für pädagogische Eurythmie und den rhythmischen Unterricht, © 1998 Pforte Verlag, Dornach.

S. 59: Himpelchen und Pimpelchen, Marie Engelmann-Herz, aus: Raimund Pousset, Fingerspiele und andere Kinkerlitzchen, Rowohlt Taschenbuch Verlag GmbH 1998, Reinbek.

S. 93: Es war einmal ein Drachen, Fredrik Vahle, aus: Luzi Lindwurm, Raben-, Drachen-, Hexenlieder (MC), © Patmos Verlag GmbH & Co KG, Düsseldorf.

S. 94: Gott, der Schöpfer dieser Welt, Susanne Brandt, aus: Susanne Brandt-Köhn Bärenstark und mauseschlau, © by Don Bosco, München 1998.

S. 100: Wer nicht tüchtig kneten kann, Elisabeth Klein, aus: Christiane Kutik, Das Jahreszeitenbuch, © 1987 Verlag Freies Geistesleben & Urachthaus GmbH, Stuttgart.

S. 103: Meine Laterne, Ilse Jung, aus: Ilse Jung (Hrsg.), Abends, wenn es dunkel wird. Martins- und Laternenlieder, Presseverband der Ev. Kirche im Rheinland e. V., Düsseldorf 2002 © by Ilse Jung.

Wir über uns

Als Mitbegründerinnen und Mitarbeiterinnen des Vereins *Eltern-Kind-Programm* arbeiten wir drei Autorinnen seit vielen Jahren mit Familien vor allem in den folgenden Bereichen: Eltern-Kind-Gruppen, auch zweisprachig und integrativ; Eltern-Kind-Seminare und -Workshops zu unterschiedlichen Themen (z. B. Jahreszeiten, Elemente, Naturbaustellen, Handwerkstechniken, Schwimmen, Musik und Bewegung ...); Kinder- und Jugendarbeit; Kinderwerkstätten und Familienfreizeiten. Für die Leiterinnen der Eltern-Kind-Gruppen gibt es einen jährlich wiederkehrenden Ausbildungskurs, der in Zusammenarbeit mit Dozenten der Universität Regensburg entwickelt wurde. Der Kurs umfasst die Bereiche pädagogische und psychologische Grundkenntnisse, Anleitung zur objektiven Beobachtung, Praxisanleitung und Elternarbeit.
In unseren Eltern-Kind-Gruppen, die sich über den Zeitraum eines Jahres wöchentlich zweimal treffen, und in unseren Seminaren spielen der Jahresrhythmus und die damit verbundenen Feste, die Arbeit mit den Elementen, Natur- und Sinneserfahrungen eine sehr große Rolle. Kinder und Eltern sollen die Gelegenheit haben zu forschen, zu suchen und zu sammeln, das heißt neue Entdeckungen zu machen. Dazu gehört singen, reimen, sprechen, spielen, toben, bewegen, klettern, balancieren, staunen, aber auch das Schaffen von Rückzugsmöglichkeiten und das Austragen von Auseinandersetzungen kommen nicht zu kurz.

Die Ursprungsform des *Eltern-Kind-Programms* wurde vom Staatsinstitut für Frühpädagogik, München, entwickelt. Der Verein *Eltern-Kind-Programm* hat das Konzept mittlerweile um neueste Erkenntnisse aus unterschiedlichen pädagogischen Richtungen und durch den im Laufe der Jahre angesammelten Erfahrungsschatz erweitert. Eingeflossen sind Erkenntnisse aus der Waldorfpädagogik, vor allem im Bereich der Kindheitsentwicklung und Sprachentwicklung, um die Eigeninitiativkraft und innere Freiheit der Kinder zu fördern. Aus der Motopädagogik haben wir Gedanken zum Spielhaus- und Spielplatzbau übernommen, um Freiräume und vielfältige Bewegungsmöglichkeiten zu schaffen, da Bewegung das Selbstwertgefühl der Kinder steigert, selbstständiges Denken anregt und die Sprachentwicklung fördert. Elemente aus der Edu-Kinestetik eröffnen

den Kindern spielerisch das Tor zum Lernen. Vor allem aber haben wir viel von den Kindern selbst gelernt. Durch genaues Beobachten und Einfühlen können wir immer wieder neue Aspekte in unsere Arbeit aufnehmen. Einer der jüngsten Bereiche ist die Arbeit mit Naturbaustellen, wie Backofenbau, ökologische Spielplätze und Naturzäune. Dies, so spüren wir, ist eine Wiederannäherung an die Natur und ihre heilenden Kräfte, denn das natürliche Umfeld der Kinder hat sich heute gegenüber früher sehr verändert. Das Spielen und Forschen im Wald mit seinen Kletterbäumen, wassergefüllten Fahrrinnen und moosbewachsenen Baumstämmen wurde von Ballettunterricht, Musik- und Turnstunden oder Fernsehschauen abgelöst. Wir wollen Kinder wieder durch blühende Wiesen und über bemooste Baumstümpfe kriechen lassen, ihnen Versteck- und Klettermöglichkeiten in naturgemäßen Hecken schaffen, mit ihnen Wildblumen säen oder Verstecke für Tiere anlegen und sie auf die Kreisläufe in der Natur aufmerksam machen, da diese in engem Zusammenhang mit unserem Leben stehen.
Wir verstehen unsere Arbeit als Suchtprävention im Familienalltag; wir wollen Lebensfreude und innere Zufriedenheit wecken. Wir wollen Familien und Kindern die in ihnen steckenden Kräfte und Fähigkeiten durch Erfahrungen bewusst machen und dadurch die Suche nach dem Sinn des Lebens erleichtern. Der wichtigste Aspekt der Arbeit des *Eltern-Kind-Programm e.V.* ist die kindzentrierte Elternbildung. Die Eltern lernen im Zusammenleben an und mit ihren Kindern. Denn von der noch freien schöpferischen Kraft, von der Lebensfreude und der Bereitschaft zum Miteinander der Kinder können wir alle profitieren.

Wir hoffen, dass dieses Buch dazu beiträgt, diese Gedanken weiter zu verbreiten. Denn nicht nur im Familienalltag, im Zusammenleben von Eltern und Kindern, sondern auch in pädagogischen Einrichtungen, im Kindergarten oder Hort, lassen sich die hier zusammengetragenen Anregungen und Spielvorschläge vielfach einsetzen und verwirklichen. Bei den Gruppenleiterinnen des Eltern-Kind-Programms e.V. möchten wir uns an dieser Stelle für die vielen neuen Ideen bedanken, die sie in ihre Arbeit einbringen und damit auch uns zugänglich machen.

Ursula, Monika und Petra Bezdek

Veröffentlichungen und Angebote des Eltern-Kind-Programms e. V.

Der Eltern-Kind-Programm e.V. führt seit vielen Jahren Familienseminare, Workshops und Eltern-Kind-Gruppen durch. Die Themen sind: Naturerfahrung, Bewegung, die Jahreszeiten, die Feste im Jahreskreis, die Elemente, verschiedene Naturbaustellen. Spiele, Lieder, Reime, Werkaktionen und andere wichtige Anregungen wurden in Arbeitsheften gesammelt, die unter folgenden Titeln erschienen sind:

- Dem Frühling auf der Spur
- Sommerspaß
- Den Herbst erleben
- Winterfreuden
- Unsere Lieder
- bewegen erleben
- Naturspielräume
- Erfahrungen mit Wasser – schwimmen lernen leicht gemacht
- Glaubensbildung in Eltern-Kind-Gruppen
- Eltern-Kind-Gruppen im Erlebnisraum Wald
- Nordseeinsel Spiekeroog

Die Arbeitshefte und Informationen über die Seminarangebote sind zu beziehen bei:
Eltern-Kind-Programm e.V.
Mitterweg 34 Tel.: 089/8571112
82131 Stockdorf Fax.: 089/8561433

Die Elemente entdecken

Vielfältige Anregungen, wie Kinder mit allen Sinnen die Elemente Feuer, Erde, Wasser und Luft entdecken können, finden sich in dem Buch „Kinder in ihrem Element“ von Ursula, Monika und Petra Bezdek, Don Bosco Verlag, München ²2004

144 Seiten, Abbildungen und Noten, kartoniert,
ISBN 3-7698-1202-6

Mit Kindern durchs Jahr

100 Seiten, s/w-Illustrationen, Fotos, kartoniert
ISBN 3-7698-1315-4

Ursula, Monika und Petra Bezdek

Winter

Mit Kindern durchs Jahr

Der Winter weckt Assoziationen von Schneemann bauen, Rodeln und Schneeballschlachten. Doch auch ohne Schnee gibt es in der scheinbar unbelebten Natur allerlei zu erforschen und zu entdecken. Die hier versammelten Angebote bringen Kindern die Besonderheiten und Schätze dieser Jahreszeit nahe. Das Buch enthält eine Fülle von Ideen für Aktionen in der Winterlandschaft oder besinnliche Stunden „in der guten Stube" und zahlreiche Anregungen, mit Kindern die jahreszeitlichen Feste zu erleben.

ISBN 3-7698-1339-1

ISBN 3-7698-1340-5

ISBN 3-7698-1442-8